Robert Schumann/Adelbert von Chamisso: *Frauenliebe und -leben*

Hans-Udo Kreuels

Robert Schumann/ Adelbert von Chamisso: *Frauenliebe und -leben*

Interpretation und Analyse

Bibliografische Information der Deutschen Nationalbibliothek
Die Deutsche Nationalbibliothek verzeichnet diese Publikation
in der Deutschen Nationalbibliografie; detaillierte bibliografische
Daten sind im Internet über http://dnb.d-nb.de abrufbar.

Abbildungsnachweis Umschlag:
Foto: „O T" von Marie-Luise Fuchs.
Acryl auf Jute, 170 x 110 cm.
Abdruck mit freundlicher Genehmigung
der Künstlerin

ISBN 978-3-631-66008-9 (Print)
E-ISBN 978-3-653-05183-4 (E-Book)
DOI 10.3726/978-3-653-05183-4

© Peter Lang GmbH
Internationaler Verlag der Wissenschaften
Frankfurt am Main 2015
Alle Rechte vorbehalten.
PL Academic Research ist ein Imprint der Peter Lang GmbH.

Peter Lang – Frankfurt am Main · Bern · Bruxelles · New York ·
Oxford · Warszawa · Wien

Das Werk einschließlich aller seiner Teile ist urheberrechtlich
geschützt. Jede Verwertung außerhalb der engen Grenzen des
Urheberrechtsgesetzes ist ohne Zustimmung des Verlages
unzulässig und strafbar. Das gilt insbesondere für
Vervielfältigungen, Übersetzungen, Mikroverfilmungen und die
Einspeicherung und Verarbeitung in elektronischen Systemen.

Diese Publikation wurde begutachtet.

www.peterlang.com

Inhaltsverzeichnis

Vorwort 9

Einführung 11

Äußere Begleitumstände der Entstehung des Liederzyklus 21

Adelbert von Chamissos *Frauen-Liebe und Leben* 25

Kurzer Abriss von Adelbert von Chamissos Leben 45

Schumanns Empfänglichkeit für Chamissos Vorlage 49

Abkürzungen harmonischer Funktionsbegriffe 55

Elemente formaler Gestaltung im Liederzyklus Schumanns 57

Das Spiel mit Symmetrien und Antinomien 61

Weitere Symmetrien, welche die Kreisform
des Liederzyklus' mitprägen 65

„Motivik", welche sich nicht auf den ersten Blick erschließt 67

Die Lieder Schumanns im Einzelnen 71

Die Texte des Gedichtzyklus' und des Liederzyklus' 111

Allgemeines zu den inhaltlichen Grundwerten 117

Zusammenfassung in Schlaglichtern 121

Bibliographie 123

Bildnachweis 125

Über den Verfasser 127

*Den Abermillionen von Frauenschicksalen gewidmet,
die keinen eigenen Lebensplan verwirklichen konnten
und am Widerstand der Gesellschaft gescheitert sind*

Vorwort

Es sei zum Beginn darauf hingewiesen, dass diese Schrift etwas Anderes als eine eingegrenzte musikwissenschaftliche Abhandlung oder Aufarbeitung anbietet. Sucht man eine „saubere", von Annahmen, Emotionen und Animationen freie wissenschaftliche Materialsammlung des Liederzyklus' „*Frauenliebe und -leben*" von Robert Schumann, so möge man sich mit den „*Quellenstudien zu Robert Schumanns Liedern nach Adelbert von Chamisso*" von Kazuko Ozawa beschäftigen (veröffentlicht vor genau 25 Jahren im Peter Lang Verlag Frankfurt 1989). Dem Verfasser ging es zum weitaus größten Teil darum, Schumanns, aber auch Chamissos *Frauenliebe* in unser heutiges Musikumfeld einzuordnen, die nicht ignorierbare Problematik des gesellschaftlich determinierten Frauenbildes der Entstehungszeit zu beleuchten und die davon unbehelligte Kraft einer großartigen musikalischen Schöpfung mittels der Analyse offenzulegen.

In diesem Zusammenhang spielte natürlich Schumanns schöpferischer Schreibimpuls eine, wenn nicht *die* zentrale Rolle. Das war meine primär in den Blick genommene Aufgabe wie auch mein vorrangiges, „reproduktives" Abenteuer, denen ich mich stellen wollte, um mich der künstlerischen Ideenwelt Schumanns und der frappierenden Wirkungsweise der Musik zu nähern.

Und zugleich tauchte damit die Frage auf, wieviel Anteiliges an Schumanns eigener Liebesbiographie *Frauenliebe und -leben* beinhaltet, wieviel von *seinem Frauenbild,* von seiner *Liebe* da hineingeflossen ist? Die Tatsache, dass der Komponist sogleich nach seinem gewonnenen Prozess (bzgl. der durch seinen Lehrer und zukünftigen Schwiegervater Friedrich Wieck verwehrten Ehe-Erlaubnis) mit der Niederschrift der ersten Hälfte des Zyklus' begonnen hat, legt einen Synergie-Effekt, vielleicht aber auch den verschlüsselten Gedanken eines Leitbildes für seine zukünftige Ehe nahe. Jedoch wäre diese Einschätzung viel zu eindimensional und würde Robert Schumanns, aber noch mehr Clara Wiecks Absichten verfälschen. Es soll schon hier angedeutet werden, dass seine Braut Clara Wieck keinesfalls die Voraussetzungen von Chamissos Protagonistin erfüllen konnte und wollte!

Claras Brief an Robert vom 12.11.1837 aus Prag – wohlgemerkt in einer absolut kritischen Zeit – macht deren Standpunkt bezüglich ihres gemeinsamen, bevorstehenden Zusammenlebens mehr als deutlich:

> „Ich glaub fast, Du willst mich schon ein wenig im Voraus die Herrschaft des Mannes fühlen lassen – schon gut, ich denk, wir werden uns vertragen....

Und weiter heißt es in ihrem liebevollen, aber dezidierten Brief:

> *„Im Ernst aber, bin ich ein kleines Kind, das sich zu dem Altar führen läßt wie zur Schule? Nein, Robert! Wenn Du mich Kind nennst, das klingt so lieb, aber wenn Du mich Kind denkst, dann tret' ich auf und sage: „Du irrst!" Vertraue mir vollkommen."*

Diese Zeilen mögen am Beginn dieser Schrift andeuten, dass es sich bei Schumanns Frauenbild im Liederzyklus' um etwas Komplexeres, ja, um verschiedene Facetten einer fiktiven weiblichen Selbstdarstellung handeln muss. Dem gilt es nachzugehen, will man überhaupt personelle Beweggründe der Deskription ins Kalkül ziehen. Von erheblich höherem Wert ist jedoch das davon unabhängige, in Musik gesetzte Gefühlskaleidoskop der liebenden Frau, welches durch die „seelisch authentische" Aussagekraft Schumanns zu einem „hohen Lied der Liebe" geworden ist.

Hans-Udo Kreuels
(2014)

Einführung

"Der Liederzyklus Frauenliebe und -leben gehört zum Fragwürdigsten bzw. Peinlichsten, was je in deutscher Literatur verfasst worden ist" – so im Internet zu lesen; von einem jungen Berliner Regisseur abgefasst und als Sprungbrett benutzt, um sich damit vom bekannten Gedichtzyklus Adelbert von Chamissos wirkungsvoll und drastisch abzustoßen, um wohl auch Neugier für einen unkonventionellen, auf unseren Zeitgeist hin „aktualisierten"(?), jedoch absolut Themafremden Aufputz von *Frauen-Liebe und Leben* zu wecken.

Damit sind wir auch schon im Zentrum einer Auseinandersetzung um Sinn und Verständnis des Gedichtzyklus' *Frauen-Liebe und Leben*.

Ohne den Zwischentönen dieser recht oberflächlichen Verunglimpfung nachgehen zu müssen, teilt sich darin dem Leser sogleich unterschwellig eine wenig reflektierte, wenn auch verständliche Ablehnung einer als sexistisch einzustufenden, überkommenen männlichen Dominanz und einer scheinbar chauvinistisch geprägten, seelischen Ausbeutung der Frau mit, welche aber – und das ist in diesem Kontext das Kuriose – in Chamissos Gedichtzyklus eben so wenig ausgeführt oder thematisiert wurde wie z. B. eine politische Standortbestimmung des frühen 19. Jahrhunderts in Grimms *Hausmärchen*. Von einem Mann, welcher sexistische Ziele oder bedingungslose Unterwerfung verfolgen würde, überhaupt eine dienende Haltung seiner weiblichen Partnerin einfordern wollte, ist hier gar keine Rede; ja noch nicht einmal von einer durchscheinenden „Rolle des Mannes" im Sinne einer geschlechtsspezifischen Vormachtstellung, geschweige denn vom Aufoktroyieren eines unangefochten männlichen Lebensmodells, einem entsprechenden Herrschaftsgebaren oder einer narzisstischen Selbstdarstellung. Im Grunde kommt der Mann im *Frauen-Liebe und Leben*-Zyklus nur indirekt als Katalysator vor, weshalb es von vornherein unlauter ist, den hypothetisch aus der weiblichen Seele dringenden, fiktiven Monolog auf die chauvinistische Einstellung des Mannes zurückzuführen. Natürlich war es ein Mann, welcher einer Frau diese Worte in den Mund gelegt hat. Doch spricht aus ihm zum größten Teil das gesellschaftlich sanktionierte Idealbild der Zeit mit allem Für und Wider, mit dem wir uns auseinander zu setzen haben dadurch, dass wir die historischen Gegebenheiten reflektieren.

Mag sein, dass wir unser allgegenwärtiges Erbe einer ungleichen Geschlechtswertigkeit, diese immer noch schwer verkraftbare Bürde, lieber heute als morgen abschütteln möchten, weswegen wir kaum im Stande sind, die historischen Modalitäten einer Geschlechterdiskrepanz zu akzeptieren, oder die Rollenverteilung zwischen Mann und Frau, – die uns z. B. noch in Dramen des späteren 19. Jahrhunderts, besonders in der Zeit des realistischen Naturalismus (Ibsen, Hauptmann etc.) besonders krass berührt, – ohne Zynismus und abträgliche Überspitzung als die damals vorherrschende Realität anzuerkennen? Wenn wir heute zu Recht die Natur gegebene Gleichbehandlung der Geschlechter einfordern, ist der davon erschreckend abweichende, historische Umgang übrigens nicht immer mit einem dem entsprechenden „Fehlverhalten" – insbesondere des Mannes – zu belegen.

Die rein *historische* Bedeutung von Chamissos *Frauen-Liebe und Leben,* die ja kein Literaturkritiker in Abrede stellen kann und will, besteht u. a. darin, dass er in dieser Folge der Frau Worte in den Mund gelegt hat – etwa weit ab von aufsässigem, feministisch revolutionärem Gedankengut –, die in ihrer (angedachten) selbstbeschaulichen „Authentizität" und emotionalen Unbekümmertheit große Empathie und Bewunderung geweckt haben, vielleicht noch mehr als streitbare Selbstdarstellungen von Suffragetten es vermocht hätten.

Natürlich ging der Versuch auch in die „falsche" Richtung, denn Chamissos Einsatz für die einfache, unterprivilegierte Frau konnte nicht darüber hinwegtäuschen, dass das stark idealisierte Lebensmodell der Frau bei den ewig Konservativen (vornehmlich dem „Wohlstandsbürgertum" des Biedermeier) natürlicherweise viel Zuspruch erhielt, bei den unangepassten, eher innovativen Geistern der Zeit aber ebenso viel Unbehagen wie Ablehnung erntete[1].

Man darf in dem Zusammenhang nicht vergessen, dass erst ab dem Zeitpunkt der Entstehung von *Frauen-Liebe und Leben* (1829), also am Ende der so genannten Restaurationszeit, noch während des allgegenwärtigen restriktiven politischen Klimas die ersten kritischen Stimmen des Vormärz sich anschickten, soziale und kulturelle Missstände öffentlich einzuklagen. Zwölf Jahre zuvor waren noch die Bücher Kotzebues auf dem Wartburgfest (1817) dem reaktionären Denken zum Opfer gefallen. Die staatlich verordnete Zensur, das oft erteilte Versammlungs- und Publikationsverbot u.v.m. wurden nur äußerst langsam gelockert.

Wohl waren die Frauenrechte schon zum Ende des 18. Jahrhunderts thematisiert worden. Olympe de Gouges forderte damals mit ihrer *Déclaration des droits de la Femme et de la Citoyenne* (1791), also kurz nach der Deklaration der Menschen- und Bürgerrechte (1789), dieselben Rechte und Pflichten für die Frauen ein. Die bis dato maßgefertigten Menschen- und Bürgerrechte galten eben nur für Männer. Die erste Frauenbewegung stieß aber auf große Hindernisse, weil

---

1 Theodor Storm sollte später (1874) an Paul Heyse über *Frauenliebe* schreiben: „*Mörike sagte einstmals zu mir,,Das ist mir sehr zuwider!' – Das ist auch meine Empfindung.*" in Sharon Krebs *Chamissos,Thränen' Die musikalische Rezeption des Gedichtzyklus* (M.-Th. Federhofer (Hg.) Korrespondenzen und Transformationen (V&R unipress) 2013.

zwei Theorien des weiblichen Grundverständnisses sich lange gesellschaftlich bekämpften. Die so genannte *dualistische Auffassung* leitete aus der neuen Wissenschaft die „naturgegebene" Verschiedenartigkeit, (damit verbunden auch die „Geltung") der Frau ab, während die *egalitäre Auffassung* die Gleichheit von Mann und Frau dem integrativen Denken der Aufklärung entnahm und deshalb die gleichen Rechte für beide Geschlechter verlangte.

Aufgrund reaktionären Denkens und konservativer Zustandsbeschönigung war die gute Sache beinahe festgefahren, und es bedurfte eines feinen literarischen Ansatzes, der das konservative Lager wie auch die Veränderungswilligen ins Boot holen konnte. Diese Gratwanderung schaffte Chamisso zu einem gewissen Teil, indem er seine humane Sicht in die bestehenden Verhältnisse einbrachte (mittels seines Gedichtzyklus' *Frauen-Liebe und Leben* oder seiner *Lebenslieder und -bilder* aus derselben Zeit, die sich großer Beliebtheit erfreuten*)*, und zum anderen Ungerechtigkeiten und menschliche Katastrophen, vornehmlich die niederen Schichten betreffend, in anrührenden, bildhaften Dichtungen aufzeigte, was ihm beispielsweise mit seinem recht erfolgreichen Gedichtzyklus „*Thränen*" gelang.

Abgesehen von vielen Einwänden, die man heute angesichts des geistigen Hintergrunds von *Frauen-Liebe und Leben* erheben kann, hat die naiv überschwängliche Offenlegung der Gefühlswelt der verliebten Frau etwas Schlagendes, von ihrer inneren Logik her Unanfechtbares, und bietet in Wahrheit eben keine Angriffsfläche für eine notwendige Korrektur „fehlender Balance" zwischen den Refugien von Mann und Frau.

Lassen wir erst einmal Schumanns Interessen bzw. seine menschlich fassbaren, emotionalen, Wunsch gesteuerten Beweggründe aus dem Spiel, so entsteht vor unseren Augen und Ohren ein von Adelbert von Chamisso lebendig gemaltes, Gefühlsdurchlebtes, Lust betontes, aus vermeintlicher Tiefe geschöpftes Seelenbild einer Frau, und zwar einer Frau, welche man zuvor kaum für würdig erachtet hat (!), eine allein auf ihr „unbedeutendes" Leben gründende Empathie-Bezeugung in die Öffentlichkeit zu tragen! Eben so wenig hat man sich angeschickt, ihre mitunter sich drastisch verändernden Lebensphasen, die demütigenden Zwänge Gesellschaftsbestimmter und familiär bedingter Unfreiheit, welche kaum einen selbstständigen Spielraum und eine persönliche Entfaltung zuließen, in den Focus zu stellen. Ihr Ringen mit kaum verkraftbaren Konfrontationen, erniedrigendem Ignorieren, menschlicher Demontage, sexueller Fremdbestimmung und deren seelischen Bewältigungsversuchen, blieben – zumindest im öffentlichen Raum – weitgehend unbeachtet.

Natürlich herrschte auch in unserer Gesellschaft ein von je her verankertes matriarchalisches Lebensfundament. Die Frau und Mutter war nichts desto trotz, oder gerade deshalb in ihrer sittlich maßgeblichen Stellung unbestritten und im innergesellschaftlichen Bereich von zentraler Bestimmungsgewalt, also eine *persona sine qua non*; und ihre aus Rollenzwängen und Verzichtgeboten seit jeher entwickelte Anpassungs- und Ich-Stärke, ihre emotionalen Grundkräfte, ihr Spürsinn, ihr Scharfblick, ihre Urteilskraft und ihre starken sinnlichen Qualitäten etc. – um nur einiges zu nennen –, waren auch im beginnenden 19. Jahrhundert nicht anzweifelbare Tugenden, denen die Männer mit ihrem weit überlegenen Bewegungsradius scheinbar nur auf hierarchisch abgesicherte Weise, meist jovial ausgrenzend und mit ihrem gewohnten, mitunter betulich umsorgenden Abwehrverhalten begegnen konnten.

Und so tat sich vornehmlich die westliche Gesellschaft bis dato absolut schwer – wahrscheinlich aus den eben formulierten Gründen, der männlichen Vormachtstellung wegen und aus einem Gesellschaftsbeherrschenden sexuellen Verdrängungsmechanismus heraus –, eine einfache Frau und nichts anderes als ihr nach außen hin unbedeutendes, unspektakuläres, d. h. leicht „übersehbares" Leben – weder legitimiert durch Aufsehen erregende Umstände noch durch Taten oder Glorifizierungen! – zum alleinigen Mittelpunkt einer Betrachtung, Abhandlung eines Romans oder Kunstwerks zu erheben. Diese Tat Chamissos ist, aus welchen Beweggründen auch immer, beachtenswerter als gemeinhin angenommen.

Wenn man bedenkt, wie eingeschränkt sich der Bewegungsraum der Frau noch im „aufgeschlossenen Europa" des auslaufenden 18. Jahrhundert darstellt, wie prüde und ängstlich man z. B. mit ihrer sinnlich-weiblichen Ausstrahlung in der Öffentlichkeit umging (!) –, dann wundert man sich, dass Adelbert von Chamisso aus seiner konservativen, jedoch Gerechtigkeit einfordernden Wertesicht heraus etwas so Empathisches aus dem (vorstellungshalber angedachten) *Blickwinkel der Frau* verfassen konnte. Mit dieser Pionierleistung des vielseitigen Gelehrten ist verständlicherweise – zumal aus heutiger Sicht – eine Portion überschwänglicher Idealisierung, gut gläubiger Naivität und verallgemeinerndem Wunschdenken verbunden. Auch damals deckte ein pauschal erstelltes weibliches Charakterbild trotz gesellschaftlicher Einheitsnormen nur einen Teil der gängigen Identifikationsvorstellungen ab. Dabei galt das konservative Lager – so auch heute – als Maßstab eines ideologisch gefestigten Gewohnheitsrechts.

Doch nicht so sehr das *was (!)*, das faktische Geschehen im Lebensbogen von *Frauen-Liebe und Leben,* sondern das *wie (!),* die gelebte, und vor allem persönliche Hingabe und Entäußerung der Frau ist das psychosensitive Material, welches dem Gedichtzyklus schon sehr bald seine Sonderstellung eingeräumt hat! Dem folgend trugen weitere Spezifizierungen des authentischen, nun eben auch „intimen", in die Öffentlichkeit getragenen Frauenbildes dazu bei, bald einen eigenständigen weiblichen Lebensgrundriss zu sichten und bedingt anzuerkennen. Ihr Selbstbestimmungsrecht, ihr weiblicher Lebenssinn und -verstand, ihr geschlechtsspezifisches Auftreten, die ersten psychologischen bzw. politischen Ansätze gesellschaftlicher Befreiung etc. wurden besonders in der Literatur (z. B. durch Grillparzers Frauengestalten) mehr und mehr ins Blickfeld gerückt. - Hier mag als erstes symptomatisches Beispiel ein von Adelbert von Chamisso mutig inszeniertes Fanal einer fiktiven, „sinnlich-weiblichen Selbstdarstellung" stehen, und zwar eine auf *dem* literarischen Niveau angedeutete körperliche Vereinigung, wohlgemerkt aus der (hypothetischen) Sicht der Frau (!), die dem ganzen Werk – der Allgemeinheit immerhin als *Bildungsgut* zugedacht – eine „eigengeschlechtliche" Note verleiht und in dieser unverblümten Anschauung ihre sinnlich-dynamische Welt auf stupende Weise offen legt! Die 4. Strophe des 6. Liedes *Süßer Freund* lautet:

„Bleib an meinem Herzen,
fühle dessen Schlag,
dass ich fest und fester
nur dich drücken mag,
(Schumanns Zusatz:) *fest und fester!"*

Solche Formulierungen waren natürlich früher schon in Trivialromanen und Volksstücken als tendenziös eingesetzte oder mitgelieferte Gefühlsstimulanzen vorhanden, welche die Leser/Innen zu persönlicher Identifikation veranlassen und erotisch anregen sollten, nicht aber in einer sublimierten Dichtung, die in dem Fall zwangsläufig als Moral gefährdend bzw. unsittlich hätte eingestuft werden müssen. Wahrscheinlich ist es Chamissos Geschick und zielführendes Kalkül, dass er in seiner Gedichtreihe die einfachen realistischen Lebensstationen derart naiv glaubwürdig und emotional ergreifend darlegte, wie bereits angedeutet, dass tendenziöse Sittlichkeitserwägungen erst gar nicht in den Diskurs gelangten. Die lebendige, überbordende Emotionalität der Frau *schiebt eben alle* „*chauvinistischen" Einwände zur Seite – und kehrt nicht diese etwa durch verdeckte Absichten Chamissos hervor,* wie oft behauptet wurde. Dass der Dichter vielleicht ein idealisiertes Klischee der Aufopferung seiner bzw. *einer* liebenden Frau – aus persönlich bedingter Kompensation (?) – hierin entworfen hat, verdient dennoch nicht, seinen so umschriebenen Beitrag am historischen Wandel in Abrede zu stellen oder gänzlich zu verunglimpfen.

Um aber diesbezüglich auf die Rolle der Musik Schumanns zu kommen, gilt es festzustellen, dass Chamissos weitgehend diskret angedeutete Ausführungen vom Komponisten substanziell weiterverfolgt, ja in pulsierendes, erzählendes und gefühlssuggestives Leben verwandelt worden sind. Denn Schumann deutet z. B. im 6. Lied *Süßer Freund* die körperliche Vereinigung unmissverständlich als eine kurze menschliche Ekstase – komprimiert gefasst, aber emotional voll und

ganz spürbar –, welche absolut verständlich das Geheimnis der Wiege nach sich zieht: *"Hier an meinem Bette hat die Wiege Raum".*
Instinktiv oder auch mit untrüglicher Einschätzung hat Schumann die 3. Strophe des Gedichtes ausgespart, weil die Unterweisung durch die Mutter und die Vorbereitung des Mutterstands in der Ehe zum einen aus Gründen des durchtragenden emotionalen Qualitätsniveaus wie der weiblich-seelischen Eigenständigkeit abträglich gewesen wären, zum anderen deshalb, da dieser prosaische Gedankengang auch der inneren Dramaturgie des im Ganzen konzipierten *Kreislaufs der Liebe (!)* geschadet hätte:[2]

> *"Hab' ob manchen Zeichen Mutter schon gefragt,*
> *Hat die gute Mutter alles mir gesagt,*
> *Hat mich unterwiesen, wie, nach allem Schein,*
> *Bald für eine Wiege muß gesorget sein."*

Im 7. Lied *An meinem Herzen, an meiner Brust* finden wir weibliches Gedankengut in Art einer „allzu unbefangenen" Herablassung gegenüber dem männlichen Geschlecht – vom angeblich chauvinistischen Dichter Chamisso seiner Protagonistin in den Mund gelegt (!) –, was in der Öffentlichkeit zu präsentieren sicherlich nicht „schicklich" war:

> *"Oh, wie bedaur' ich doch den Mann,*
> *der Mutterglück nicht fühlen kann!*

oder:

> *"Das Glück ist die Liebe, die Liebe das Glück,*
> *ich hab's gesagt und nehm's nicht zurück."*

Entgegen aller Unterwerfungstheorien, die man der Protagonistin via Chamisso angehängt hat, zeigt sich auch hierin, dass es sich bei manchen Aussprüchen der verliebten Frau um eine neue Art der weiblichen Selbstdarstellung (im offenen Raum) handelt, geradezu um einen *emanzipatorischen* Vorstoß einer allen Erwartungen gegenüber vorrangigen Selbstäußerung, – so seltsam sich dies angesichts der damaligen Rollenverteilung anhören mag! –, der die emotionale Gleichstellung der Frau bzw. deren spezifisch „weibliche Denkweise", gemäß Chamissos Absicht, in Gestalt eines unaustauschbaren Selbst endlich einmal von *männlichen Urteilskriterien losgelöst* einfordert!

In diesem Sinne haben wir eher dem Komponisten Schumann gegenüber unsere Zweifel, ob nicht bei ihm der persönlich gebundene Narzissmus und die

---

2   Siehe die vollständigen Gedichttexte Chamissos auf S. 111.

männliche Interessenssphäre noch mehr zur Hintertüre hereinschauen als beim Dichter Chamisso? Jedenfalls lässt sich im Hintergrund sehr subtil eine unterschwellige Genugtuung des Komponisten vernehmen, dass der Paradiesvogel eingefangen ist und dieser die für ihn vom Schicksal bestimmte Lebensform mit einem Mal euphorisch bejaht (vornehmlich erkennbar an der Wiederholungsstrophe am Ende des 2. Liedes und am Schluss des 3. Liedes). Das ist nicht ganz von der Hand zu weisen.

War es Schumanns Leitgedanke, das momentane Erleben einer liebenden Frau anhand ihrer Lebensstationen musikalisch emotional einzufangen, so musste er den genealogischen Zuschnitt von Chamissos Gedichtzyklus umgehen und nach Möglichkeit in reine Gefühlssubstanz auflösen. Der Folgenschwerste, so denn für ihn notwendige Eingriff war die Eliminierung des abschließenden 9. Gedichtes[3]:

Traum der eig'nen Tage,
Die nun ferne sind,
Tochter meiner Tochter,
Du mein süßes Kind,
Nimm bevor die Müde
Deckt das Leichentuch,
Nimm in's frische Leben
Meinen Segensspruch.

Siehst mich grau von Haaren,
Abgezehrt und bleich,
Bin, wie du gewesen
Jung und wonnereich,
Liebte, wie du liebtest,
Ward, wie du, auch Braut,
Und auch du wirst altern,
So wie ich ergraut.

Laß die Zeit im Fluge
Wandeln fort und fort,
Nur beständig wahre
Deines Busens Hort;
Hab' ich's einst gesprochen,
Nehm' ich's nicht zurück:
Glück ist nur die Liebe,
Liebe nur ist Glück.

---

[3] zitiert nach Schanze Helmut (Hrg.) *Robert Schumann Neue Ausgabe sämtlicher Werke* Literarische Vorlagen I, Serie VIII Supplement Bd. 2.

*Als ich, den ich liebte,
In das Grab gelegt,
Hab' ich meine Liebe
Treu in mir gehegt;
War mein Herz gebrochen,
Blieb mir fest der Muth,
Und des Alters Asche
Wahrt die heil'ge Gluth.*

*Nimm bevor die Müde
Deckt das Leichentuch,
Nimm in's frische Leben
Meinen Segensspruch.
Muss das Herz dir brechen,
Bleibe fest dein Muth,
Sei der Schmerz der Liebe
Dann dein höchstes Gut.*

Schon Chamissos Gedicht ist weit mehr als nur eine Fortsetzung des familiären Lebensbogens, dadurch dass die Großmutter, die einst im pulsierenden Leben gestandene Frau sich bemüht, ihre Erfahrungen an die mittlerweile erwachsene Enkeltochter weiterzugeben, ihr das Geheimnis der Liebe verständlich, deren Wert und Umgang verantwortlich zu machen. Es spricht auch – gemäß Chamissos Sicht – Lebenslogik und Lebensweisheit aus diesen Worten, welche dem Gedichtzyklus als Extrakt eines Generationen übergreifenden Kreislaufs Bedeutung verleihen sollen.

Im Kapitel *Die Lieder Schumanns im Einzelnen* mit den dazugehörigen musikalischen Analysen wird klar werden, dass genau diese Erfahrungen und „Abdrücke" des gelebten Lebens dem Rezipierenden eben dennoch in dem vom Verfasser als „9. Lied!" betitelten musikalischen Abgesang vor Augen geführt werden, d. h., dass Schumann trotz Aussparung des Gedichtes, ohne Worte, die geistige Auswertung der Liederfolge nah an die dichterische Vorlage anlehnt, und zwar mit dem zusätzlichen Gewinn eines geweiteten und tiefer reichenden Gefühlsspektrums. In Anbetracht dieser Tatsache gelingt es ihm obendrein, den geistigen und seelischen Bewegungsraum des Zyklusendes weit zu öffnen, das individuelle Vorstellungsvermögen des Hörers zu stimulieren und lediglich die auch in seinem Sinn umschriebene Gesetzmäßigkeit des Lebens (wortlos, ohne Gesang) für sich selbst sprechen zu lassen!

Das ist die geniale Metamorphose eines Gedichts, dessen Sinngehalt – die Reminiszenz an das gelebte Leben – durch musikalische Wiederholung, oder besser gesagt durch Widerbewusstmachung des Beginns und seiner einschneidenden, weithin wirksamen Gefühlswelt, die unbeschreibliche Aura eines tragisch endenden Lebenskreislaufs erhält. In dieser Hinsicht soll schon hier darauf verwiesen werden, dass das vermeintliche „9. Lied (ohne Worte)" – *Nachspiel* wäre ein unzureichender Terminus! – dem Liederzyklus eine eigene Dimension angedeihen lässt, welche dem Werk in seiner Gesamtheit am Ende eine gänzlich unerwartete, unverwechselbare Pointe oder Tiefenwirkung beschert!

Im Kapitel *Schumanns Empfänglichkeit für Chamissos Vorlage* erfährt der Leser einige wesentliche Anhaltspunkte zu Schumanns psychologischer Disposition, zu seinem Frauenbild, zu seinen möglichen Beweggründen, eine „frauliche Selbstdarstellung" als männliche Wunschvorstellung zu inszenieren, einschließlich des Versuchs einer objektivierbaren Positionierung der liebenden Frau in Schumanns Lebensrahmen. Wenn Schumanns Herangehensweise an das Thema auch nicht mit derjenigen Chamissos stark divergiert, so kann man summarisch feststellen, dass Chamissos Protagonistin eine eher angepasste, *Bezug nehmende* Verhaltensweise einer ganz und gar dienenden Haltung an den Tag legt, wohingegen Schumanns Liebende doch um einiges *aktiver*, mit vorbehaltlosem persönlichen Einsatz sich der Liebeseuphorie und der Aufopferung verschreibt (z. B. im 2. Lied), wohl Täler und Höhen wie auch bei Chamisso schicksalhaft durchläuft, doch die geschilderten Gemütszustände noch extremer in ihrer gesamten Gefühlsperipherie auslebt (z. B. im 3. oder 7. Lied). So wird aus einem doch zum Genrebild neigenden Gefühlskaleidoskop Chamissos ein eher absoluteres, emotional konturiertes und teilweise exzessives Gefühlsrelief durch die Musik Robert Schumanns.

Pointiert kann man sagen, dass Chamissos Themenbehandlung auf der ausdrücklichen Ästimation der Frau beruht, während Schumann, dessen ebenso teilhaftig, spürbar die hypothetische Bestimmung der *Frauenliebe* seiner Protagonistin herauskehrt. Die empathische Hingabe seiner liebenden Frau an den geliebten Mann entstammt der geistigen und seelischen Übereinkunft beider, einer gemeinsamen Lebensphilosophie und Weltanschauung, während Leben und Handeln von Chamissos Protagonistin mehr auf ihrer Demut als auf ihrer geistigen Teilhabe beruhen.

Äußere Begleitumstände der Entstehung des Liederzyklus

Der Sommer 1840 ist Kulmination des tiefen Interessenkonflikts zwischen Robert, Clara und ihrem Vater Friedrich Wieck. Schumanns gerichtliche Klage gegenüber Friedrich Wieck wegen Verleumdung hatte nach peinlichen, zermürbenden Vorverhandlungen letztlich Erfolg. Friedrich Wieck erhielt 18 Tage Gefängnis. Seinem Ansuchen, die Ehe von Robert und Clara zu verhindern, wurde nicht stattgegeben. Am 7. Juli erfolgt der Eintrag Schumanns ins Tagebuch: *„Juchhe! Victoria!"*. Bereits am 11. Juli skizziert er die ersten fünf Lieder des Zyklus *Frauenliebe und -leben*, am 12. Juli die restlichen drei. Die weitere Ausarbeitung erfolgte wohl im August.

Die Hochzeit mit Clara und das Beziehen der gemeinsamen Wohnung sollten sich bis September 1840 hinziehen.

Es ist nicht oft in Schumanns Schaffen, dass ein schöpferischer Vorgang direkt durch äußere Lebensumstände in Gang gesetzt wird. Aber die problematische Situation war noch nicht gelöst, nur ein Großteil von der seelischen Verkrampfung und andauernden Depression gewichen. Schumann hat in seinem Leben immer bewiesen, dass ihm in schwierigsten Phasen psychischer Beeinträchtigung eine „kreative Bewältigungsstrategie" (gemäß Udo Rauchfleisch) geholfen hatte, über die Runden zu kommen. Genau das setzt zu Beginn des Jahres 1840 eruptiv ein und lässt Schumanns so genanntes *Liederjahr* entstehen. Den Anfang macht die Liedersammlung *Myrthen* op.25, Schumanns Brautgeschenk an Clara, die erste große Liederfolge, welche im Zeitraum Januar bis April 1840, der schlechthin am meisten bedrückenden und seelisch konfrontierenden Zeitphase, verursacht durch die Verleumdungsklage Friedrich Wiecks, aus Schumanns Feder fließt. Da hinein fällt auch die Erstausfertigung der *Heine-Lieder* op.24 (konzipiert wahrscheinlich Februar 1840). Der *Liederkreis* nach Gedichten von Joseph von Eichendorff op.39, entsteht großteils im Mai 1840, an welche die *Dichterliebe* nach Gedichten von Heinrich Heine, als sein op.48, anschließt (24. Mai bis 1. Juni 1840). Hatte Schumann sich mit dem Eichendorff-*Liederkreis* und der *Dichterliebe* (nach Heine) eine in dieser Gattung einmalige Höhe poetischer Bildhaftigkeit und musikalischer Beredtheit erarbeitet, so sollte Schumanns Meisterschaft im weiteren Liedschaffen sich insgesamt auf charakterogene wie auch volksnähere Formen konzentrieren. Wie bereits erwähnt entsteht daraufhin die emphatische, ganz aus der momentanen Euphorie geschöpfte Niederschrift des Chamisso-Zyklus' *Frauenliebe und -leben* op.42, und gewissermaßen als Fortsetzung drei weitere Chamisso-Vertonungen *Drei Gesänge* op.31 *Die Löwenbraut, Die Kartenlegerin* und *Die rothe Hanne* am 13. und 14. Juli, Lieder, welche nicht die *einfache* Frau, wohl aber situationsbedingt eine außerordentliche Frauengestalt im romantisch-sozialen Kontext thematisieren. An diese balladesken Lieder reiht sich wiederum ein kurzer Gesangszyklus *Fünf Lieder für eine Singstimme und Klavier* nach Gedichten von H. Chr. Andersen und C. Ch. Fauriel an (16. bis 18. Juli 1840). *Sechs Gedichte* aus Robert Reinick's «Lieder eines Malers», op.36, folgen noch im Juli bzw. August 1840, bis die unnachahmliche *Liederreihe nach Justinus Kerner*, op.35 (November und Dezember 1840) den Kreis der großen Zyklen erst einmal beschließt.

Die hier getroffene Auflistung mag als ein roter Faden durch das *Liederjahr* gelten, da sie die Reihenfolge der Entstehung, den Schaffensprozess von Schumanns berühmten Liederzyklen aufzeigen will, beabsichtigt aber in keiner Weise, die nicht erwähnten Einzellieder, Duette oder Chorgebundenen Formen als Liedschöpfungen zu degradieren.

Hans-Udo Kreuels Clara Schumann – Bleistiftzeichnung (ca. 1992) nach einer Photographie, ca. 1868 (Julius Allgeyer)

Hans-Udo Kreuels Robert Schumann – Bleistiftzeichnung (ca. 1992) nach einer Daguerreotypie, 1850 (Heinz Winkelmann)

Adelbert von Chamissos
Frauen-Liebe und Leben

Nach seiner sehr erfolgreichen dreijährigen Forschungsreise steigt das Ansehen Adelbert von Chamissos vielerorts und er wird im folgenden Jahr 1819 in Berlin zum Ehrendoktor der Philosophie ernannt. Endlich erhält er eine respektable, hoch dotierte Anstellung, die eines Kustos im Botanischen Garten Berlin. Kurze Zeit später ehelicht er die achtzehnjährige Antonia Piaste (1800–1837), Ziehtochter seines Freundes Hitzig, die ihm die Kinder Ernst (*1820), Max (*1822), Adélaide (*1827), Johanna (*1829), Adolph (*1830), Hermann (*1832) und Adelbert (*1835) schenkt. Chamisso gesellt sich ab 1824 zu der illustren „Mittwochsgesellschaft", einem Treffpunkt von Gelehrten, deren Anliegen es ist, *„die wirklichen Dichter und vorzüglichen Geister Berlins"*[4] zusammenzuführen. Seine schriftstellerische Arbeit konzentriert sich weitgehend auf die Fertigstellung seines 1. Lyrikbandes, welcher aus zumeist älteren Gedichten besteht. Auf einmal zollt man dem Dichter eine für ihn kaum vorstellbare Anerkennung, die ihn mit Stolz erfüllt. Sonst sind nicht viele „Welt bewegende" Details der Zwanziger Jahre auffindbar. Mit der Hinwendung zu einem erfüllenden Familienleben wird beim Botaniker, Dichter und Gelehrten sicherlich eine ruhigere, besonnenere Zeit Einzug gehalten haben. Wahrscheinlich hat er – neben berufsbedingten Forschungen – die Zeit einer neuen heimatlichen Geborgenheit genossen, nach ständigen Integrationsbemühungen, erheblichen Anfeindungen und sozio-kulturellen Grundfragen bzgl. der ihn schon von je her beschäftigenden deutsch-französischen Identitätssuche und eines sicherlich auch daraus resultierenden „Fernwehs" (?), und sein frei erwähltes Glück mit der reichen Nachkommenschaft gelebt haben. Nicht von ungefähr steht mit dieser Hinwendung zum Privaten bzw. der Konzentration auf die Familie am Ende dieser Dekade die Niederschrift seines berühmten Gedichtzyklus' *Frauen-Liebe und Leben,* welcher 1829 in Berlin entsteht[5]. Mit dieser Gedichtfolge hat er indirekt seiner jungen Frau – und Mutter seiner sieben Kin-

---

4   zitiert nach Fischer, Robert *Adelbert von Chamisso* Berlin, Erika Klopp Verlag 1990.
5   Sharon Krebs *Chamissos Thränen* – die musikalische Rezeption des Gedichtzyklus V&R unipress, 2013, darin: *„Obwohl Chamisso beide Gedichtzyklen (Anm. „Frauenliebe" und „Thränen") 1831 herausgab, muss für Frauenliebe das Jahr 1830 insofern als Erscheinungsjahr gelten, als in diesem Jahr bereits die erste Vertonung des gesamten Gedichtzyklus veröffentlicht wurde... Chamissos Freund Franz Kugler gab seine Vertonungen von Frauenliebe 1830 heraus, d. h. ein Jahr vor der Publikation der Gedichte. Die Gedichte*

der – aufgrund der ihm eigenen, tief empathischen Haltung ein Denkmal gesetzt und ein gesellschaftsgebundenes Idealbild der Liebe geschaffen.

Etwaige Vermutungen einer aus einem Gewissensdruck erfolgten Deskription, einer moralisierenden Sichtweise bzw. eines mit chauvinistischem Hintergrund behafteten Frauenbildes des Dichters sollten erst einmal hintangestellt werden! Schon allein die zeitgleich von ihm verfasste Gedichtreihe *Thränen* (Zyklus von sieben Gedichten) mit der Schilderung eines unglücklichen Mädchens, das zur Zwangsheirat verpflichtet wird und daran zugrunde geht, richtet einen *entgegengesetzten* Appell an die Gesellschaft! Dies sollte uns zu denken geben.

Sh. Krebs führt weiter aus[6]: *„Diese durch Frauenliebe bewirkte Einengung von Chamissos Ansehen als Dichter führte zu einer starken Kritik an seinem vermeintlich einseitigen Frauenbild."*

Wie in der *Einführung* angesprochen ist es vor allem Chamissos Blick für einfache, unterprivilegierte Mitmenschen, deren individuelle Bedeutung, menschliche Würde und soziale Stellung er beleuchtet, um seine speziell humane Sicht in die Öffentlichkeit zu tragen und Bewusstseinsverändernd wirken zu können. Zur Protagonistin von *Frauenliebe und -leben* bemerkt Kazuko Ozawa in *„Robert Schumann – Interpretation seiner Werke"* (2005):

„Im Mittelpunkt der Lyrik steht keine idealisierte Heldin, sondern endlich einmal eine einfache, namenlose Frau ohne dramatisches Schicksal: als scheues Mädchen, als verliebtes Mädchen, als Geliebte eines ebenfalls namenlosen Mannes, als Verlobte, als freudige Braut, als stolze Schwangere, als überschwängliche Mutter, als trauernde Witwe und schließlich als Großmutter. Dieses kleinbürgerliche Lebensgemälde regte offenbar unmittelbar zu Vertonungen an."

Der bekannte Liederkomponist *Karl Loewe* vertonte den gesamten Zyklus im Jahre 1836, der Komponist Franz Lachner daraus vier Gedichte 1838. Überhaupt errang Chamissos Gedichtzyklus in den dreißiger Jahren des 19. Jahrhunderts eine kaum vorstellbare Popularität. So kann man davon ausgehen, dass diese Gedichte auch Robert Schumann schon längst bekannt waren[7].

---

des Frauenliebe-Zyklus waren also durch Kugler schon 1830 anderen Komponisten zugänglich. Franz Lachner z. B. vertonte das 3. Gedicht (…) im Jahr 1830".

6 daselbst
7 Marie-Theres Federhofer geht in ihrer Schrift *„Korrespondenzen und Transformationen – Neue Perspektiven auf A. von Chamisso"* (unipress 2013) aufgrund detaillierter Forschungen davon aus, dass es im 19. Jahrhundert eine kaum übersehbare Zahl von *„Frauenliebe und -leben"*-Vertonungen gegeben hat. Neben *„Frauenliebe und -leben"* war ebenso Chamissos erfolgreicher Gedichtzyklus *„Thränen"* ein beliebtes Vertonungsobjekt, was jedoch erst in den späteren Jahren des 19. Jahrhunderts seinen Nie-

Schumann übernahm aber keineswegs den Zyklus so, wie er war, sondern eliminierte das 9. Gedicht, die 3. Strophe im 6. Gedicht *Süßer Freund*, machte Umstellungen, nahm Wortwiederholungen vor und änderte viele Interpunktionen, um seine musikalischen und Charakter eigenen Vorstellungen umzusetzen. Damit gab er dem Gedichtzyklus auch gesamtinhaltlich eine andere Richtung.

Wie bereits ausgeführt ist die dienende, sich selbst ganz aufgebende Rolle der Frau schon in der Vergangenheit angefochten und in der heutigen Zeit durchwegs als Zumutung, ja als Affront empfunden worden. Ist auch dieser Gedankenanteil nicht zu tilgen, so haben wir uns folglich mit einer gesellschaftlich historischen Sichtweise der einfachen Frau seitens des Bürgertums auseinanderzusetzen, um zu verstehen, dass Chamisso sowohl die bis dahin öffentlich immens unterprivilegierte Frau wie auch die damit verbundenen sozialen Missstände, gemeinhin das Desinteresse an Menschen niederer Stände und die damit einhergehenden Verdrängungsmechanismen ins Bewusstsein gehoben hat. Wurde der Weltumsegler und Forscher Chamisso auch allseits gerühmt, so handelte der Bürgernahe Dichter, der aus verschiedenen Gründen dem bewahrenden Zeitgeist des Biedermeier recht nahe stand, sich dennoch viele Feindseligkeiten ein. Viele romantische Dichter, aber auch die *Jungdeutschen* Literaten fühlten sich von seinem konservativen, idealisierenden Wertemaßstab abgestoßen.

Ein Beispiel u. a. für seinen im Grundkonzept oft belächelten sozialen Einsatz ist das *Lied der alten Waschfrau* (1833). Die 2. Strophe sei hier angeführt, weil sie *Frauen-Liebe und Leben* gleichsam im Zeitraffer genealogisch zusammenfasst und für das Leben einer einfachen Frau und ihrer Tugenden Respekt einfordert:

> *Sie hat in ihren jungen Tagen*
> *geliebt, gehofft und sich vermählt;*
> *sie hat des Weibes Los getragen,*
> *die Sorgen haben nicht gefehlt;*
> *sie hat den kranken Mann gepflegt,*
> *sie hat drei Kinder ihm geboren;*
> *sie hat ihn in das Grab gelegt*
> *und Glaub' und Hoffnung nicht verloren.*

Viel vom Gedankengut aus *Frauen-Liebe und Leben* spiegeln auch die *Brautgedichte* oder *Hochzeitsgedichte*[8] von Adelbert von Chamisso:

---

derschlag fand. Überdies wurden neun Gedichte aus „*Frauenliebe*", sowie vier aus dem „*Thränen*"-Zyklus allein von Frauen vertont bzw. sind der Nachwelt überliefert worden.

8 A. Chamisso *Die Braut* Verlag der Literaturwerke Minerva, Leipzig 1905.

Die Braut

Wie wohlgefällig hat auf mir
des teuern Vaters Auge geruht!
Wie sprach der stumme Blick doch schier:
bist meine Lust, ich bin dir gut.

Wie hat die Mutter früh und spat
für mich sich bemühet so liebereich!
Und was sie geschäftig auch alles that,
wie war ihr Segen auf mir zugleich.

Wie sehen die lieben Schwestern mich
so trauernd scheiden aus ihrer Zahl,
die, feuchten Auges, heute für dich
mich noch geschmückt zum letzten Mal!

Wie glücklich war ich im Mutterhaus!
Wie haben alle mich doch geliebt!
Und dir, Geliebter, folg' ich hinaus,
dich hab' ich mehr als alle geliebt.

Ich werde, Geliebter, dir untertan,
und werde dir dienen in treuer Pflicht.
Was ich verlassen, was ich getan
für dich, du Guter, vergiss es nicht.

Diese bürgerlich angepasste Sichtweise Chamissos und die damit verbundene Biedermeierattitude war „ein gefundenes Fressen" für die Literaturkritik und deren kategorisches Wertesystem, abgesehen vom fragwürdigen künstlerischen Gehalt der Gedichte. Sei es auch, dass revolutionäres und ein Gesellschaft unterwanderndes Gedankengut nicht seine Sache war, sei es, dass es ihm ganz naiv – und sehr wahrhaftig! – um eine human beseelte Sicht und um Respekt ging, welche er in seinen Gedichten der lesenden Bildungsgesellschaft des Bürgertums bewusst machen wollte, verdiente seine Stimme jedenfalls gehört zu werden.

Die eingangs brüsk als ‚chauvinistisch' gekennzeichnete Haltung Chamissos in Bezug zum Gesellschaftsbedingten Frauenbild, hat auch im Gedicht *Die Braut* absolut keine Relevanz. Stattdessen werden die emotional bereichernden Werte wie Dankbarkeit (gegenüber den Eltern und dem Geliebten), Pflichtgefühl, Selbstaufopferung, Liebe, Empathie und Treue in den Mittelpunkt gestellt. Dabei ist auch der zeitlich literarische Kontext entscheidend, dass Erlebnisgedichte wie auch Naturgedichte, (weniger politische Gedichte) von einer *idealistischen*

Sichtweise geprägt waren! Für den Rezipienten von heute ist es unumgänglich, diese Postulate von Chamissos persönlichen Lebensgepflogenheiten abzukoppeln! Und natürlich ist es bei Chamisso die aus seiner Sicht reine, sich selbst aufopfernde Liebe der Frau, die als Wunschbild des „sich Verschmelzens" oberste Priorität besitzt; wenn auch das sich Verschmelzen genauso dem Mann anstehen würde, zeigt Chamisso in seiner Lebensrealität, dass er ungeachtet dessen einen ihm adäquat männlichen Bewegungsfreiraum beanspruchte. Das tritt auch in seiner Liaison mit Marianne Hertz zu Tage, welche während seiner Ehe mit Antonia für eine bösartige Verstimmung gesorgt hat.[9] So etwas befremdet heute, denn in etwa scheint dies auch ungelöste Fragen der Sexualität, der Geschlechter-Gleichheit und des „Partnerschaftsdenkens" zu kompensieren, vielleicht sogar zu kaschieren. Wie dem auch sei, handelt es sich bei seiner Gedichtfolge um die aus männlicher Sicht idealisierte, nicht weniger persönlich bejahte Entscheidung der Frau, vielleicht um eine gesellschaftlich kleinbürgerliche, so doch „Beispiel gebende" Illusionsbildung, nicht aber um eine in Unfreiheit gelebte Lebenslüge!

Das bezeugt auch die ihm emotional nahestehende Frauengestalt *Mina*, – so, wie der Dichter Chamisso sie sieht – in seiner berühmtesten Novelle *Peter Schlemihls wundersame Geschichte* (1813).[10]

Viel des Gedankenguts aus dem zweiten Gedicht von *Frauen-Liebe und Leben: Er, der Herrlichste von allen* lässt sich auch im Folgenden in der Novelle aufspüren.[11]

---

9   Herbert J. Hopfgartner führt in seinem Artikel *„Adelbert von Chamisso: Revolutionär oder Biedermann?"* (Warschau 2008) dazu aus: *„In den Biographien über Chamisso (Lahnstein 1984, Feudel 1988, Fischer 1990) werden einige unerfüllte Liebes-beziehungen des Dichters zu (durchaus emanzipierten) Frauen geschildert. Genannt werden Cerés Duvernay, Augusta Klaproth, Helmina von Chèzy, Anne Louise Germaine de Stael-Holstein. Überdies wird hingewiesen, dass Chamisso als fast Vierzigjähriger unter dem Gefühl der „Torschlusspanik" bzw. „Vergreisung" gelitten hat (vgl. Chamisso zit. in Feudel 1988, 117 und Koschorke in Jens (Hg.) 1989, 861). Es ist somit durchaus möglich, dass, nachdem er eine geordnete Anstellung gefunden hatte, sich in die unbedarfte, mittellose (bürgerliche) Pflegetochter von Hitzig „planmäßig verliebte", um im Bekanntenkreis nicht als Einziger unverheiratet zu bleiben."*

10 *„…Mina war wirklich ein liebenswertes, gutes, frommes Kind. Ich hatte ihre ganze Phantasie an mich gefesselt; sie wusste in ihrer Demut nicht, womit sie wert gewesen, daß ich nur nach ihr geblickt, und sie vergalt Liebe um Liebe mit der vollen jugendlichen Kraft eines unschuldigen Herzens. Sie liebte wie ein Weib, ganz hin sich opfernd; selbstvergessen, hingegeben den nur meinend, der ihr Leben war, unbekümmert, sollte sie selbst zugrunde gehen; das heißt, sie liebte wirklich.-"* Reclam 1993, S. 39/40.

11 *Will stolz sein, wenn ich höre: das ist er gewesen, und das war er wieder, und das hat er vollbracht; da haben sie ihn angebetet, und da haben sie ihn vergöttert. Siehe, wenn ich*

Kazuko Ozawa führt zur männlichen Begehrlichkeit weiter aus:

„Bei Chamissos Zyklus spielt die vorgebliche männliche Wunschvorstellung, von einer Frau verehrt und bedient zu werden, keine Rolle, wenn auch der Zyklus im 20. Jahrhundert häufig genau so interpretiert wurde und entsprechend der eigenen Wunschvorstellung Sympathie oder Antipathie erregte... Allein über die literarische Qualität der Gedichte Chamissos wäre vielleicht zu diskutieren, Schumann allerdings verlangte «keinen großen Dichter, aber eine gesunde Sprache und Gesinnung» für seine Vertonungen."

So betrachtet lässt sich über die literarische Eignung von Chamissos Gedichten, speziell von *Frauen-Liebe und Leben* nicht sonderlich streiten. Seine Sprache ist hochmusikalisch, gewandt, rhythmisch stabil und vor allem gefühlstransparent.

Überhaupt erstaunlich für einen Franzosen mit prägenden nationalen Wurzeln ist seine Wortwahl oder die Feinnervigkeit seiner poetischen Satzgliederung! In der Besprechung der einzelnen Gedichte werden – im Kontext zu Schumanns Sinn gebender Vertonung – oftmals Chamissos Wortwahl, Satzstellung, Interpunktion, Klanggestalt und dergleichen untersucht, wodurch es gelingen mag, der jeweiligen Intention des Dichters wie des Komponisten (!) mehr und mehr auf die Spur zu kommen. Der Gang durch den Gedichtzyklus berücksichtigt also die literarische Vorlage sowie die davon divergierenden Gedankenansätze Schumanns.

Als Indizien für ein *„gutes Gedicht"* – im phonetischen, subtil formalen und inhaltlichen Bereich – müssen wohl die Aussageprägnanz und die eingebrachte Klarheit, dann die Impulskraft der Vokalisation, Artikulation und Interpunktion, das Versmaß und dessen Rhythmik im Wortsinn und im übergeordneten Sinne geltend gemacht werden.

Im **1. Gedicht** *Seit ich ihn gesehen* wählt Chamisso den Trochäus als Versmaß. Es ist der schwere, haftende Schritt, der nicht von der Stelle kommt und Handlungsunfähigkeit suggeriert; (von Schumann großartig umgesetzt im stockenden Sarabanden-Schritt!). Man findet in der 1. Strophe erstaunlich viele helle, meist *i*-Vokale, woraufhin die 2. Strophe sich dem dunkleren Timbre zuwendet. (1. Strophe 11 helle Vokale, 2. Strophe 9 dunkle Vokale). Das deutet auf eine *innere* Auseinandersetzung, die sich verzweigt auch durch die folgenden beiden Gedichtstrophen zieht.

Seit ich ihn gesehen,
Glaub' ich blind zu sein;
Wo ich hin nur blicke,
Seh' ich ihn allein;

---

das denke, zürne ich Dir, dass Du bei einem einfältigen Kinde Deiner hohen Schicksale vergessen kannst. – Zeuch hin, sonst macht der Gedanke mich noch unglücklich, die ich, ach! Durch Dich so glücklich, so selig bin. – Reclam 1993 S. 41.

Wie im wachen Traume
Schwebt sein Bild mir vor,
Taucht aus tiefstem Dunkel
Heller nur empor.

Sonst ist licht- und farblos
Alles um mich her,
Nach der Schwestern Spiele
Nicht begehr' ich mehr,

Möchte lieber weinen
Still im Kämmerlein;
Seit ich ihn gesehen,
Glaub' ich blind zu sein.

Das, was die *irritierte* Frau – (gerade dieses Wort verblüfft schon durch auffallend gehäufte *i*-Vokalanteile) – in ihrem „Innersten" zu bewältigen hat, was wie eine Zerreißprobe ihrer „Ich"-Kräfte anmutet, deutet reflexiv auf die innere Konfliktsphäre, während die diesen Tenor ablösenden, dunkleren Vokale den daraus resultierenden „Abgrund" vor Augen führen. Natürlich trägt auch die Häufung der Assonanzen (am Wortbeginn) und deren widerborstige Artikulation zu diesem Eindruck bei *(„taucht aus tiefstem..", „Schwestern Spiele"* oder *„glaub' ich blind..")*

Auffallend ist in der 3. Strophe die Häufung der *e/ä*-Vokale *(„..der Schwestern Spiele..", „..begehr ich mehr")*, welche gemäß unseres seit je her introjizierten Lautvokabulars Ablehnung, gar Ekel oder Geringschätzung ausdrücken.

Die Kantigkeit (Hartnäckigkeit) des eher schwerfälligen Versmaßes, welches der aus der Bahn geworfenen Person angepasst scheint, ist durch den dreihebigen Trochäus nachvollziehbar realisiert. Enjambements (Zeilensprünge) und Kausalschlüsse jeweils in der Folgezeile unterstreichen das gedanklich unfreie, (seelisch) verfestigte Satzbild.

Das **2. Gedicht** ergeht sich zunächst in Aufzählungen ohne Satzstruktur, in euphorisch an einander gereihten Attributen, welche eine menschliche Totalität einzufangen versuchen. Interessant ist dabei, dass in der 1. Strophe eine jede Zeile vom hellen zum dunklen Vokalklang, d. h. von der innerpersönlichen zu der äußeren Wertanschauung gelangt.

Er, der Herrlichste von Allen,
wie so milde, wie so gut!
Holde Lippen, klares Auge,
heller Sinn und fester Muth.

So wie dort in blauer Tiefe,
hell und herrlich, jener Stern,
also Er an meinem Himmel,
hell und herrlich, hehr und fern.

Die glorifizierende 2. Strophe mit der Kernaussage „*also Er an meinem Himmel*", tendiert insgesamt zum intimeren, hellen Vokalklang. Und durch die Art der postulierten Eigenschaften, in weiterhin gebrochener Satzstruktur, sind diese beiden Textstrophen auch spürbar auf einander bezogen und grenzen sich von der eher dunkelmalerischen 3. Strophe „<u>Wandle</u>, <u>wand</u>le <u>de</u>ine <u>Bahnen</u>" ab.

Jetzt beginnt die liebestrunkene Frau, ihren Geliebten direkt anzusprechen, seinen Hoffnungsträchtigen Werdegang, sein Leben andachtsvoll in den Raum zu stellen und von ihren eigenen Interessen abzukoppeln. So findet sich auch im Satzbau der 3. Strophe *kein* „Ich"-Ausdruck, wodurch diese Zeilen ein wenig körperlos erscheinen bzw. „unpersönlichen" Leitideen folgen. (Der Begriff „*traurig*" wurde auf seine wahrscheinliche Bedeutung hin überprüft, (siehe die *Liedbesprechung*, S. 77/78).

Die 4. Strophe, die Strophe der eigenen „Selbsterniedrigung", bezieht nun folgerichtig das Ich-bezogene Ausdrucksvokabular mit ein (*„mein stilles Beten"* oder „*darfst mich, nied're Magd"*). Auch in dieser Strophe finden wir, wie in der 1., einen Helligkeitsabfall in der Vokalisation, vom Intimen zum Allgemeinen.

Die 5. (kühnste) Textstrophe „*Nur die Würdigste von Allen"* hinterlässt in ihrer stark kontrastierenden Vokalisation (ü - a, ü - a, i - o, i - a = Würdigste - Allen / beglücken - Wahl, / will die - Hohe, / viele - tausend etc.) die Wirkung höchster Expression im ganzen Gedicht. Dazu trägt auch der Stabreim des Konsonanten *w* bei, der sich bis in die Schlussstrophe zieht: *Würdigste, Wahl, will, weinen.*

Die Verzichtleistung bzw. Selbstauf(hin)gabe der Frau, gipfelnd in den Worten „*brich o Herz, was liegt daran?"*, schält sich bei Chamisso als inhaltlicher Höhe- und Zielpunkt (!) der Gesamtaussage heraus. Das ist absolut wesentlich in der Unterscheidung gegenüber Schumanns Herangehensweise an das Gedicht. Während dieser wohl der Expressivität von Chamissos Aussagewillen weitgehend entspricht und diesen noch überhöht, – man beobachte die kontrapunktierenden Sept-Ansprünge (T. 38 - 40) und den im Lied höchsten Punkt der Gesangslinie *ges"* (in T. 42 „*Wahl"*) –, führt er daraufhin Chamissos Schlussstrophe langsam in die Tiefe, in den musikalisch abschattierten Ausdrucksbereich, in den Bereich demütiger Selbstaufopferung. Schumann sequenziert die vorletzte Gedichtstrophe (*„Nur die Würdigste"*) in der abschließenden Gedichtstrophe (*„Will mich freuen dann..."*), indem er diese eine kleine Terz nach unten transponiert. Durch diese Maßnahme (der tonfarblichen Register-Absenkung), des Weiteren durch kleine rhythmische Eingriffe und das Aufbrechen des Textes in plastischer Sprachnähe („brechen", „brich, o Herz") steuert seine Interpretation das „Private" an, um nicht zu sagen, den fraulichen Rückzug, der eine (objektiv betrachtete) „Geltungseinbuße" geradezu nahe legt (?) Hier scheinen zwei Intentionen, die des Dichters und die des Komponisten, spürbar zu divergieren. Chamissos Idee der Hingabe deutet auf eine großartige Entscheidung hin, auf ein kaum er- (oder be-) gründbares „sich Wegschenken" der in ihrer Verliebtheit gefangenen Frau! Schumann aber stuft den Persönlichkeitswert der weiblichen Entsagung in seiner Anlage, sei es auch unbewusst, vielmehr herab. Er erzeugt beinahe ein kausal gebundenes *Analogon* zwischen der Demutshaltung der Frau und ihrem in der wiederholten Eingangsstrophe erneut anhebenden Jubel. Denn dieser übersteigt, nun die Gesamtaussage abrundend, alles Weitere und blendet demzufolge auch das letzte reflexive Nachsinnen Chamissos (s. o.), d. h. das seiner Protagonistin, am Ende des Gedichtes aus! – Jedoch, nicht ganz, wie wir aus Schumanns Klavier-Nachspiel erfahren: Bedeutende Reflexe extensiver Auseinandersetzung treten auch bei ihm noch aus dem abschließend chiffrierten Figurenwerk, einem kurzen, expandierenden Gefühlsepilog hervor, welcher wohl die entschlossene Willenshaltung bzw. Unbeirrbarkeit *seiner* Protagonistin bekundet (T. 68/69):

Bsp. a

Der Leitgedanke des **3. Gedichtes** *Ich kann's nicht fassen, nicht glauben* zieht sich durch das ganze Textgebilde hindurch, und der Dichter stellt dieses „Etwas", dieses Magengefühl eines undefinierbaren Zustands „*ich kann's(!) nicht fassen*" auf den Plafond. Jedoch rückt der Nachsatz „*es hat ein Traum mich berückt*" die im Doppelvers angelegte *Ambivalenz* sogleich in den Gedankenfokus. – Diese nutzt späterhin Schumann am Gedichtende, um den Nachsatz plötzlich in einem unerwarteten Licht erscheinen zu lassen. – Der Spekulation über den Wert und die Bestimmung des geheimnisvollen „*Traumes*" werden also bei Chamisso schon zu Beginn die Türen geöffnet. Das Beglückende des Traumes schwingt bei ihm von Anfang an mit, während es bei Schumann erst im Verlauf des Gedichtes (Liedes) gewonnen werden muss (!) und letztlich, in der Art einer Vision ins Blickfeld rückt (siehe das Nachspiel!). Das lässt sich schon allein an der Moll-lastigen Vertonung Schumanns der Takte 9 – 15 nachweisen (*„wie hätt' er doch unter Allen mich Arme erhöht und beglückt?"*), welche dem Text eher eine zerrüttete, „nieder drückende" Aura verleiht, – und die so hoffnungsleer, so dunkel von Chamisso sicherlich nicht intendiert war! Natürlich ist die Verstörung, die Dunkelheit und ein schicksalhaftes Erfasst Sein auch bei Chamisso von Anfang an präsent, was sich am dreihebig jambischen (geradezu *fliehenden*) Fließcharakter, am unerbittlichen Kreuzreim und an der dunklen Vokalisation zu erkennen gibt. Und Irritation stiftet natürlich das harte Aufeinandertreffen des *i*-Vokals auf den *a*-Vokal: *„ich kann's nicht fassen, nicht glauben"* oder *„Traum mich berückt"* oder *„mich Arme"* und *„Mir war's, ich träume noch immer"* etc. Doch findet bei ihm in den Worten *„mich Arme erhöht und beglückt"* auch so etwas wie eine Segnung, eine Adelung statt, deren Leuchtkraft sich im Tagtraum der liebenden Frau widerspiegelt *(„ich bin auf ewig dein", „mir war's, ich träume noch immer..."*).

Sowohl das 2. wie auch das 3. Gedicht des Zyklus' senden durch **Schumanns Wiederholung der Grundstrophen** eine ganz andere inhaltliche Wirkung aus! Das „Grundgefühl" des jeweiligen Liedes bildet bei ihm die Klammer, dreht sich gleichsam im *Kreis* und bestätigt den Liedgegenstand nachdrücklich. Chamisso aber verfolgt mit seiner *offenen* Textform jeweils den am Ende herauszubildenden Aussagewert, welchen er als Zielpunkt des Gedichtes ansteuert (siehe die *Texte der Gedichte Chamissos und Schumanns* auf S. 111).

So ist Chamissos Aussagewillen im 3. Gedicht letztlich ganz speziell auf die seelische Erfüllung der Zerrissenen ausgerichtet, die sich anschickt, in eine Extase Ich-loser Emotionalität (d. h. im Kontext: von Verstandeswirren unbeeinträchtigter Emotionalität) einzutauchen und die eigene Existenz hintanzustellen: *„den seligsten Tod mich schlürfen..."* Allein schon in der Phonetik übermittelt sich der Ausnahmezustand, ein Überborden des Gefühlsstroms in nicht zu steigernder Dichte von Konsonanten und Vokalen! Das ist der Zenit von Chamissos Gedicht, dem Schumann in *der* Form inhaltlich nicht nachkommt.

Schumann geht es hingegen darum, einen zeitlichen Prozess, zumindest eine kurze Entwicklungsphase musikalisch darzustellen. Bei ihm kehrt der Zustand der Verstörung durch die Wiederholung der Grundstrophe zurück (!), bebt fort im Klavier-Zwischenspiel (T. 68 – 75), welches schon in ein gedankliches Ringen, in einen persönlichen Austragungsprozess einzutreten scheint. Am Ende gelangt diese gedanklich-seelische Kontraktion zu ihrem exaltierten Gipfelpunkt (*„nicht glauben"*, T. 78 – 80), zum klar herausgebildeten *retardierenden Moment* des Liedes. Dieses Klangereignis fängt die Drangsal der Not bzw. den Verlust der Orientierung in einer gigantischen Schlusssteigerung ein, bündelt sie zu einem abschließenden Zitat, um eine „Verblüffung" des Hörers zu inszenieren, eine nicht vorhersehbare Dur-Aufhellung, welche ziemlich plötzlich die Lösung des scheinbar unlösbaren Konflikts zu erkennen gibt (die Überwindung der Chromatik und das geistige Resultat im sprechenden Dreiklang-Abstieg in C-Dur, T. 85/86)!

Das **4. Gedicht** gibt schon in der Dichtung die Kreisform vor – eben *„das Ringelein"*-, die in sich geschlossene Form, welche Schumann liebt und natürlich auch hier im Sinne Chamissos Textvorlage anwendet. Der dreihebige, jambische Rhythmus beginnt schon früh, – jeweils nach der 1. Hebung –, sich in Fließpartikel aufzuspalten und zu verflüssigen, was den Eindruck einer beseelten und auch geschmeidigen Sprechweise offenbart: *„mein gol-de-nes", „drü-cke dich", „fromm an die"* etc. Die Sprache wird wieder ernster, gefasster, wenn es heißt *„ich will ihm dienen, ihm angehören ganz,"* um sodann im euphorischen Ich-Reflex wieder der „überflüssigen" Fließbewegung den Vorrang zu geben: *„hin selber mich geben und finden verklärt mich"*. Daran ist ablesbar, mit welchem Geschick der Dichter seine Aussagen aus der Binnenrhythmik der Wortkonstellationen und ebenso aus der Bewegungsvorstellung des Sprachflusses ableitet.

Das Gedicht legt nun, vorbereitet durch das 2., das Glück, die körperlich-seelische „Erfüllung" der Frau im Zyklus offen. Es ist kein spektakuläres, sondern ein absolut intimes Glück, welches nur durch ihre Vorstellungskraft, die Zwiesprache mit ihrem Ring durch eine Art „Eigenbeseelung" zustande kommt. Denn diese Erfüllung ist eine hypothetische bzw. symbolische, so wie der Ring an ihrem Finger als das Symbol der *Verlobung* gilt. Man kann auch hinter diesen real körperlichen „Symbol-Begriffen" *(„an meinem Finger, ich drücke dich fromm an die Lippen, an das Herze mein...")* psychisch kompensative, wie auch durch weit verbreitete Prüderie verdeckte Formen einer nicht statthaften weiblichen Begierde vermuten (?), jedoch wird ein solches, auf Sublimation abzielendes Verhalten – was damals Gang und Gäbe war – inhaltlich so nicht erschöpfend erklärt. Die Intensität der weiblichen Vorstellung transportiert weit mehr vom innerlichen Erfasst Sein, als schriftlich formulierte, sittsam umschriebene Verhaltensmodelle auszudrücken imstande sind. Sicherlich vermag nicht jede Frau (?) so stark, so eigenständig, und, indem sie sich ganz der männlichen Vormachtstellung überlässt, ihre Innenwelt gedanklich zu befruchten, aber auch hier geben nun mal – bürgerlich zeitgemäß – die Wunschvorstellungen des Dichters wie des Komponisten vor, ihren „Sublimationswillen", (welcher der weiblichen Psyche angeblich anhaftet), auf der Suche nach dem allumfassenden Glück ohne ein persönliches Defizit umsetzen zu können. – Jedenfalls strahlt das 4. Gedicht den intimen Frieden, die Erfüllung aus, welche im Gedichtzyklus nur noch dem 6. Gedicht zu eigen sind.

Ausgehend von der *Mittelachse* des Gedichtzyklus, dem **5.** Gedicht, welches schon bei Chamisso Dreh- und Angelpunkt des *Frauenlebens* zu sein scheint, bilden die Nachbargedichte, das **4.** und **6.** Gedicht, entgegengesetzte, ruhevolle Charaktere aus. Deren Nachbargedichte wiederum, das **3.** und **7.** Gedicht, finden ihre frappierende Übereinstimmung im exaltierten „Tanzcharakter". Das **2.** und **8.** Gedicht sind durch die *gegensätzlichsten*

Gefühlspositionen des Zyklus' antagonistisch an einander gebunden! Schließlich sind das 1. und 9. Gedicht der Nachdenklichkeit über die Liebe und das Leben verpflichtet, so, wie es Schumann musikalisch umgesetzt hat. **Die bestechende Symmetrie Schumanns ist in Chamissos Gedichtfolge bereits tief angelegt!**

Das Versmaß des **5. Gedichtes** verrät sogleich die Bemühungen des Dichters, die inhaltliche Aussage über den emotionalen Ausnahmezustand der Braut in einer entsprechenden rhythmischen Bewegungsvielfalt lebendig werden zu lassen:

„Das daktylisch aufgelockerte Versmaß bringt dort und hier eine von Grund aus gegensätzliche Innenform: dort hüpft der Rhythmus leicht und schnell dahin,... hier hat er einen gemessenen Gang von geheimnisvoller Schwere und feierlicher Getragenheit."

Das, was J. Pfeiffer[12] in einer anderen Gedichtbesprechung anspricht, könnte auch auf das Gedicht *Helft mir, ihr Schwestern* gemünzt sein. Betriebsamkeit und stauende Ernsthaftigkeit stehen sich gegenüber, durchdringen sich und bewirken eine frei flottierende Innenbewegung. So stehen, grob gesagt, die trochäischen Verstakte für das Seriöse, Ernstbetonte, und die jambischen für das Geschäftige, freudig Erregte.

Sehr sinnfällig erscheint diese Gruppierung am Ende, wo die Trochäen, d. h. die stabilisierenden, gewichtigeren Taktelemente sich durchsetzen *„freudig scheidend aus eurer Schaar"*. Dazu trägt auch die Bevorzugung der zum dunklen *a* tendierenden Vokale bei.

Binnenreim und Binnenklang innerhalb der Zeilenpaare sind – abgesehen vom traditionellen Stabreim – gebräuchliche Gestaltungsfaktoren in fast allen Gedichten Chamissos. Die klanglichen Assonanzen und Dissonanzen bekommen bei den romantischen Dichtern ohnehin den Vorzug vor den rein strukturellen Leitideen. Gleich zu Beginn fallen die Klangverwandtschaften ins Ohr: die adäquat positionierten Worte *„Schwestern"* und *„schmücken"*. In der 4. Gedichtstrophe dienen z. B. die i-Vokale einer Überhöhung der rhythmischen Wortgestaltung: *„Bist mein Geliebter, du mir erschienen..."* etc.!

Das **6. Gedicht** *Süßer Freund* wartet mit sechshebigen Trochäen (6-füßiges Versmaß) auf. Alle Verse laufen stets auf einem „stumpfen" Vers aus und verbinden sich im Paarreim. Die gedankliche Richtung ist eindeutig: Hier wird tiefgründige Zweisamkeit, Beschaulichkeit und Nachdrücklichkeit, beruhend auf ganz persönlichem Gedankengut, und übergeordnet eine absolut gewichtige Situation des Frauenlebens in den Raum gestellt. Dennoch ergeben sich Erzählstrukturen

---

12 Johannes Pfeiffer: *Metrum, Rhythmus und Melodie – Gehalt und Gestalt* – in: *Aus dem Reichtum der Dichtung*, hrgb. von Wilhelm Sanz. Österr. Bundesverlag 1969.

geschmeidiger Art, auch aufgrund von Zeilensprüngen, welche den Rhythmus zusätzlich beflügeln:

„Lass der Perlen ungewohnte Zier
freudig hell erzittern in dem Auge mir!"

oder:

„Kommen wird der Morgen, wo der Traum erwacht
und daraus dein Bildniss mir entgegen lacht."

Dass dabei die Wortstellungen im Satz auch eine dramaturgische Dimension erhalten können, versteht sich von selbst. Sätze wie *„Wie so bang, mein Busen, wie so wonnevoll"* oder *„wüsst' ich nur mit Worten, wie ich's sagen soll"* teilen in ihrer lebensnahen Fragilität oder „Unbedachtheit" den spontanen Ausdruck der Befangenheit oder Selbstzweifel mit, welche der Dichter seiner Protagonistin in den Mund zu legen beabsichtigt. Es gäbe manche Beispiele in der Lyrik der (Früh)Romantik aufzuzeigen, wo diese lautmalerische Dimension die Situationsbedingte Empfindung einer Person ganz ungekünstelt zum Ausdruck bringt.

(Ein Beispiel hierzu ist die *„Gute Nacht"* der *Winterreise* Wilhelm Müllers, wo sich der „willensgestörte" Protagonist am Beginn umständlich äußert: *„Ich kann zu meiner Reise nicht wählen mit der Zeit"* oder *„Muss selbst den Weg mir weisen..."* u. a.o.)

Hinzuweisen wäre noch auf die 5-strophige Gedichtform Chamissos. Seine die Form zentrierende, inhaltlich klärende 3. Strophe wurde von Schumann in dessen Vertonung ausgespart (siehe die entsprechende Anmerkung in der *Einführung*):

Hab' ob manchen Zeichen
Mutter schon gefragt,
Hat die gute Mutter
Alles mir gesagt,
Hat mich unterwiesen,
Wie, nach allem Schein,
Bald für eine Wiege
Muß gesorget sein.

Damit wird sehr zentral und vorausschauend die Ehe in ihrer geistigen, seelischen und körperlichen Dimension vorbereitet und vorausgedacht – bürgerliche Aufklärung im Geist des beginnenden 19. Jahrhunderts –,und es bleibt beim Leser ein unbefriedigender Beigeschmack konventioneller Weitergabestrategie, gerade den Intimbereich betreffend zurück, welchen nur die persönliche Lebenserfahrung im Sinne einer unverwechselbaren Liebe, ohne Normen und Schranken gestalten möchte.

Ob Schumann sich am gedanklichen Zuschnitt der Strophe gestoßen hat oder ob er den musikalischen Erlebnisbogen in seinem Lied durch diese Strophe gefährdet sah, ist für uns nicht mehr eruierbar. Es kann aber auch so begründet sein, dass Schumann das Ereignis der Schwangerschaft, die „Menschwerdung" erst im 3. Teil des Liedes preisgeben wollte (herauszögernd bis hin zum Blick in die Wiege „*dein Bildniss!*"), während Chamisso seinen Text von Anfang an in diese Richtung baut, die 2. Gedichtstrophe mit vibrierender Emotionalität erfüllt *(„birg dein Antlitz hier an meiner Brust...")* und in der 3. Gedichtstrophe dem Mann – und dem Leser – die glücksbringenden Gegebenheiten recht sachlich unterbreitet.

Im 7. **Gedicht** ist die lebendige, beinahe schon nervöse Fluktuation der Silben-*Senkungen* ein wichtiger Bestandteil des inneren rhythmischen Gefüges und der inhaltlichen „*Überschwenglichkeit*" (Schumann). Man findet ein solches Lavieren zwischen *einer* oder *zwei* Senkungen mittels eines vorzugsweise jambischen Versmaßes bei vielen „schwächeren" romantischen Dichtern, doch fühlt man dem Rhythmus dieses Gedichtes nach, so springt die Übereinstimmung zwischen dem inhaltlich anvisierten Spontanausdruck und der ihm angepassten, rhythmischen Zellenstruktur ins Auge und vor allem ins Ohr. Es handelt sich auch hier nicht um beiläufig angehängte Senkungssilben, sondern insgesamt um ein vielfältiges, ausgehörtes Sprachgebilde, bestehend aus Daktylen und Trochäen.

Und zugleich ist ein schwankender, instabiler Umgang mit der eigenen Ich-Struktur aus den unsteten Betonungen geradezu herauslesbar, und zwar in *der* Form, dass der Leser Mühe hat, die Possessivpronomen im Verlauf des Gedichtes in dem ihnen angedachten rhythmisch-metrischen „Stellenwert" zu erfassen (?) Heißt es „*An mei-nem Her-zen, an mei-ner Brust*" oder heißt es „*An mei-nem Her-zen, an mei-ner Brust*" (eher nach Schumann[13]) etc.? Viele Wendungen sprechen dafür, dass Chamisso ungleich mehr in *auftaktigen* Versfüßen (bzw. Trochäen mit Auftakt) fühlt und hört, während Schumann den Sprachfluss mehr in stabilen Daktylen empfindet; z. B. spricht speziell die 4. Gedichtzeile für diese Sichtweise, wo es bei Chamisso heißt: „*Ich hab' es gesagt*", bei Schumann aber „*Ich hab's gesagt*".

Während Chamisso also im weiteren Verlauf vornehmlich mit Auftakten arbeitet, geht Schumann gerne von der Hebung (dem daktylischen Versfuß ohne Auftakt) am Zeilenbeginn aus, um seine musikalischen Dreiertakte in die gewollte Rotation zu bringen! (z. B. Chamisso: „*Bin überglücklich aber jetzt,*" gegenüber Schumann: „*Bin überglücklich aber jetzt,*")

---

13 Schumann zielt aber spürbar auf eine Hervorhebung des Possessiven am Ende des Liedes ab, wenn er in T. 30/31 „*an meinem Herzen, an meiner Brust*" deklamieren lässt.

Doch überwiegt auf Dauer auch bei Chamisso das daktylische Prinzip (mit Hebung auf der „1"). Sinnvoll wird bei ihm aber das Prinzip durchbrochen, wenn der daktylische Fluss einer Zäsur oder der Fokussierung eines zentralen Begriffs weicht. Dann gelangt der gewichtigere Trochäus-Versfuß zum Einsatz, wie hier, jeweils in der Komplementärzeile:

„*Nur* die da *säugt*, nur die da *liebt*
das *Kind*, dem *sie* die *Nahrung giebt*;

oder:

„*Nur* eine *Mutter weiß* al*lein*,
was *lieben heißt* und *glücklich sein.*"

oder:

„*O* wie be*daur*' ich *doch* den *Mann*,
der *Mutterglück* nicht *fühlen kann!*"

Der Klang der abgedunkelten Vokale im letzten Beispiel mutet uns wiederum archaischer und sonorer als zuvor an, wodurch dieses Zeilenpaar wahrscheinlich auch im intentionalen Sinne aus dem Zusammenhang herausgehoben werden soll. Das vorletzte Zeilenpaar gibt Rätsel auf. Warum hat Schumann diesen Zweizeiler umgestellt?
Chamisso:

„*Du schauest mich an und lächelst dazu,
du lieber, lieber Engel, du!*"

und Schumann:

„*Du lieber, lieber Engel, Du,
Du schauest mich an und lächelst dazu!*"

Auf die köstliche Ironie Chamissos, ausgedrückt in der Direktfolge der beiden Halbsätze, mit denen sich die Mutter ihrem Kind zuwendet „...*den Mann, der Mutterglück nicht fühlen kann*" und dann „*du schauest mich an und lächelst dazu*"(!), konnte sich Schumann wohl nicht verständigen, oder er fand es unangebracht? Oder hat er deshalb die beiden Zeilen vertauscht, um das Lächeln des Kindes von dem zuvor Gesagten zu abstrahieren, um es zu verallgemeinern? Mag auch sein, dass die Wortwiederholung „*lieber, lieber Engel, Du*" ihn spontan dazu veranlasste, den „*Stretta*"-Gedanken (dazu passend seine Tempoanweisung *Noch schneller*) impulsiver und unvermittelt einleiten zu können.

Das **8. Gedicht** wartet mit einem ungewöhnlichen Reimschema auf. Alle Verse der vier Strophen enden auf stumpfen (männlichen) Silben jeweils im Kreuzreim. Durch die rhythmisch eigenwillige Anordnung von fünfhebigen Jamben in ungeradzahligen Versen gegenüber zweihebigen Jamben in geradzahligen Versen entsteht eine interruptive Sprachgestalt, welche den Hörer bewusst mit einer *anorganischen* Bewegung konfrontiert, und wodurch wiederum der Ernst des unerwarteten Schicksalsschlages unterstrichen wird. Die Jambenreihe wird jedoch im ersten Verspaar aufgestaut, dadurch, dass daktylische Hebungen sich vor die Auftakte setzen *("Nun"* und *"der")*

> „<u>Nun</u> hast du <u>mir</u> den <u>ersten</u> <u>Schmerz</u> <u>gethan</u>,
> <u>der</u> aber <u>traf</u>.
>
> Du <u>schläfst</u>, du <u>harter</u>, <u>unbarmherz'</u>ger <u>Mann</u>,
> den <u>Todesschlaf</u>."

Im zweiten Verspaar läuft die Bewegung wiederum gleichmäßiger, wohingegen die Sprachphonetik noch äußerste Schärfe und Dunkelheit zu erkennen gibt. Im weiteren Verlauf wird auch die Artikulation der Worte fließender, ja letztlich kraft- und willenlos.

Zum plakativen Einstieg des Gedichtes *Nun hast du mir den ersten Schmerz gethan*, welcher aus dem bürgerlichen Sprachgebrauch herausgelöst zu sein scheint, schreibt K. Ozawa:

> *„In Chamissos Zyklus spiegelt sich einiges aus dem realen Leben des Kleinbürgers wider, der Anfang des 19. Jahrhunderts endlich so etwas wie Wohlstand erlangen konnte. So verwendete Ch. beispielsweise im 8. Gedicht „Nun hast du mir den ersten Schmerz gethan" tatsächlich authentische Worte der Witwe Karl Müllers nach dessen Tod."*

Die Modalitäten der Anrede wandelt Chamisso in *der* Form inhaltsgemäß, d. h. dem Zyklusende entsprechend ab, dass die Hinterbliebene in der 1. Strophe ihren verstorbenen Mann anredet, in der 2. Strophe von der äußeren Betrachtung in die Selbstbeschaulichkeit wechselt, und in der 3. Strophe ihr ganz persönliches Facit aus dem unverkraftbaren Ereignis für sich selber zieht.

Der Beginn der letzten Strophe frappiert allein schon durch die unglaubliche Häufung der *i*-Vokale. Wenn man das *ü* des Wortes *zurück* mitrechnet, ergeben sich in einem fünfhebigen Jambus allein 7 spitze Vokale (!), was Seltenheitswert besitzt: *„Ich zieh' mich in mein Inn'res still zurück"*. Das ist die akustisch vorprogrammierte Matrize, auf welche Schumann aufsetzt und in seiner syllabisch gefassten Monotonie den „privaten" Ausdruck in exzellenter Weise zu einem suggestiven Erlebnis formt.

Da mit den zweihebigen Jamben, identisch mit den Komplementärzeilen, im gesamten Gedicht eine stets bedeutungsvolle Diktion verbunden ist, (*„der aber traf"* und *„den Todesschlaf"*, des Weiteren *„die Welt ist leer"* und *„nicht lebend* *mehr"*) berühren uns aus dem Blickwinkel der Verlassenen besonders die beiden letzten Aussprüche: *„Der Schleier fällt"* und *„Du meine Welt".* Das feinstoffliche Bild des fallenden Schleiers und ebenso im letzten Vers das Schrumpfen der ganzen Welt auf den kleinen, persönlichen Radius des erinnerten Glücks werden zu alles Leid umfassenden Ausdrucksmonumenten!

Mit letzter Konsequenz der Zurücknahme der eigenen Person klammert sich die Witwe an den ihr verbliebenen Besitz, die Erinnerung, ihre gelebte Liebe. Jegliche Entwicklung zu einem „neuen" Leben hat hier zu unterbleiben, d. h., es wäre vermessen, sich der bestimmenden Dominanz des Gatten, auch über dessen Tod hinaus entziehen zu wollen.

Natürlich hatten Witwen um 1830 kaum irgendwelche Chancen, einen Beruf zu ergreifen, geschweige denn eine neue Partnerschaft zu wählen. Sie konnten froh sein, durch eine Rente ihres Mannes, selten durch Unterstützungsfonds und in erster Linie durch Almosen über die Runden zu kommen. Der emanzipatorische Vorstoß Chamissos, der in *Frauen-Liebe und Leben* mit der offenen Selbstdarstellung der bedeutungslosen, einfachen Frau erfolgreich begonnen hatte, endet allerdings in der bürgerlichen Anpassung und Handlungsunfähigkeit.

In diesem von ihm wie selbstverständlich erachteten „Nachleben" der Frau ist noch nicht einmal ein Platz für echte Trauerarbeit, die – von diesem Standpunkt aus betrachtet – schon als Widerspruch zur moralisch aufoktroyierten Gefühlsresistenz und zum Perspektivlosen Ausharren angesehen worden wäre. Doch, wie man im 9. Gedicht gewahr wird, besitzt diese Frau eine Kompensationsmöglichkeit im Generationskreislauf, die Möglichkeit einer „aktiven" Weitergabe ihrer Werte, ihrer Lebenserfahrungen und einer daraus resultierenden erzieherischen Absicht.

Das **9. Gedicht** besteht aus fünf Strophen zu je vier Verspaarungen. Die gefestigten, dreihebigen Trochäen sind im lockeren Kreuzreim zusammengefügt. Diese suggerieren, dass der Ernst der gesamten Aussage absoluten Rückhalt besitzt. Inhaltlich ist erst einmal interessant, – was übrigens selten thematisiert wird –, dass hier quasi eine Generation übersprungen wird! Nicht, dass die Witwe ihrer herangewachsenen Tochter einen Segensspruch zu ihrer Hochzeit mitgeben würde, was ja im zeitlichen Kontext für die alleinstehende Mutter nahe liegend gewesen wäre, nein, das neugeborene Kind aus *Frauen-Liebe und Leben* ist selbst zur Mutterschaft gelangt, um im stetigen Wandel der Zeit ihr eigenes Kind (also in der übernächsten Generation) mit der Heirat der Welt zu übergeben und es dem Segen der alten, vom Tode gezeichneten Großmutter anzuvertrauen. Chamisso wollte anscheinend einen übergreifenden, genealogischen Kreislauf andeuten und gerade dadurch wieder vom Einzelschicksal unserer Protagonistin abstrahieren! Er beabsichtigte keineswegs, eine persönliche, biographisch deutbare Familiengeschichte zu schreiben. Indem er die Weisheit und Todesnähe der gealterten Großmutter (9. Gedicht) der einstigen Geburt ihrer Tochter (6. bzw. 7. Gedicht) gegenüberstellt, wird der übergeordnete Kreislauf in der Vorstellung des Rezipienten in Gang gebracht. So gesehen findet sich speziell *die Frau*, welche die *eine* ihr beschiedene, existenzielle Liebe durchlebt, zwischen den beiden Polen Geburt und Tod wieder. Das ist die Klammer für die beiden Begriffe Frauen*liebe* und Frauen*leben*, die nach seiner Ansicht in einem immerwährenden Beziehungsgeflecht gefasst sind und einer einzigen Wurzel entstammen.

Die Großmutter, die ihren rituellen Segensspruch an ihre Enkelin wahrscheinlich anlässlich deren Hochzeit richtet, redet sie bedingt in der Ich-Form an und stellt sich immer wieder in der dritten Person dar. Es mutet an wie eine geschickt ausbalancierte Wellenbewegung. Und deshalb hat dieser Epilog der Großmutter nichts Doktrinäres, sondern absolut Menschliches, weil sie sich des Interesses und der Empathie seitens ihres erwachsen gewordenen Enkelkindes sicher sein kann.

Die 1. Strophe führt den Leser in die zeitlichen Dimensionen von Vergangenheit, Gegenwart und Zukunft ein und wirkt am Beginn als Zeitklausel für den gesamten Zyklus:

Traum der eig'nen Tage,
Die nun ferne sind,
Tochter meiner Tochter,
Du mein süßes Kind,

Nimm bevor die Müde
Deckt das Leichentuch,
Nimm in's frische Leben
Meinen Segensspruch.

Mit der 2. Strophe relativiert Chamisso in behutsamer Weise die Erlebnisse der jungen Frau, d. h. ihre noch nicht reflektierten Lebenserfahrungen, indem diese in ihren Lebensgrundriss eingeordnet werden sollen.

Siehst mich grau von Haaren,
Abgezehrt und bleich,
Bin, wie du gewesen
Jung und wonnereich,

Liebte, wie du liebtest,
Ward, wie du, auch Braut,
Und auch du wirst altern,
So wie ich ergraut.

In der 3. Strophe kommt die tiefste Lebensanschauung und Überzeugung der Großmutter zum Tragen. Die vielsagenden, mutigen Worte, die sie in Euphorie ihrer Mutterfreuden im 7. Gedicht kundgetan hatte, sind als die zentrale Aussage Chamissos in der Mitte des Gedichtes platziert.

Hab' ich's einst gesprochen,
Nehm' ich's nicht zurück:
Glück ist nur die Liebe,
Liebe nur ist Glück.

Vorauf geht eine Aufforderung an die Enkelin, welche zum ersten Mal im Gedicht ausgesprochen wird: „*Nur beständig wahre deines Busens Hort*", ein „weiblicher" Leitgedanke, welcher die Unumstößlichkeit der Werte bekräftigt und an die dazu notwendige Treue appellieren soll.

Und die beiden letzten Verspaare stellen dieses „sich selbst Verzehren" als eine Aufforderung zur Identifikation unmissverständlich in den Raum. Die Botschaft ist: Eine Liebesbeziehung kann nur *einmal* stattfinden, und sie ist schicksalhaft an dieses *eine* Leben gekoppelt. Insofern werden neue Lebensmodelle nach dem Tod des geliebten Mannes nicht mehr angedacht. Das übrigens ist eine idealisierte Vorstellung Chamissos, die in dieser Radikalität auch früher nicht ganz der Realität entsprach. Doch hatte das Bürgertum zu seiner Zeit keine andere, weiterführende Perspektive für eine Witwe und diese lange keine moralische Legitimation für eine persönliche Neuorientierung nach dem Tod ihres Mannes. So greift der letzte Doppelvers des Zyklus' den einst mutig geäußerten, wenn auch im Überschwang formulierten „Zukunftsgedanken" der vorbehaltlosen, schon damals gewissen Zurücknahme der eigenen Person im 2. Gedicht auf, wo es hieß: „*Sollte mir das Herz auch brechen, brich, o Herz, was liegt daran?*"

Und hier heißt es nun:

Muß das Herz dir brechen,
bleibe fest dein Muth,
sei der Schmerz der Liebe
dann dein höchstes Gut.

Kurzer Abriss
von Adelbert von Chamissos Leben

Adelbert von Chamisso wird 1781 in Frankreich in der Campagne auf Schloss Boncourt bei Ante geboren, von wo er 1790 vor der französischen Revolution mit seiner Familie nach Holland flieht. Von dort übersiedelt die Familie nach Deutschland, Würzburg und Bayreuth, und erhält nach Jahren bedrückender Heimatlosigkeit im Jahre 1796 schließlich die (königliche) Erlaubnis, sich in Berlin niederzulassen. Und es dauert nicht lange, bis Adelbert am Königshof als Edelknabe in den Genuss des Privatunterrichts gelangt.

Louis Charles Adélaïde de Chamissot de Boncourt – wie er ursprünglich hieß –, der 6. von 7 Sprösslingen, ist nämlich ein hochbegabter, unternehmungslustiger junger Mann, welcher sehr bald das Gedankengut der Frühromantiker in sich aufnimmt. Das in der Folge von ihm besuchte Französische Gymnasium, welches als bevorzugte (Hochschulähnliche) Bildungsstätte Berlins galt, vermittelt ihm nicht nur ein hochwertiges Fundament klassischer Bildung, sondern legt bei ihm auch durch philosophische Betrachtungen insbesondere der französischen Revolution (u. a. Beschäftigung mit Rousseau) den Grundstein zum späteren, politisch und gesellschaftlich tolerant gesinnten Weltbürger. Selbst aus einem alten Adelsgeschlecht stammend untersucht er schon früh die Privilegien der feudalen Gesellschaftsstrukturen und vertritt bald, auch gegenüber seiner eigenen Familie, die von ihm verifizierte liberale Denkweise eines „Jungeuropäers".

In seiner Biografie bezeichnet Robert Fischer (Berlin, 1990) ihn als „*frühen Bürger Europas*", der „*die Gegensätze zweier Nationen erfahren und in seinem Leben zu vereinen*" trachtet. Dieser äußerst sprachbegabte Mensch bringt es schließlich fertig, nach langen autodidaktischen Studien in seiner Fremdsprache (Deutsch) Meisterwerke der Frühromantik zu verfassen, die eines deutschen Dichters absolut würdig sind.

Der 16 Jahre jüngere Zeitgenosse Heinrich Heine sieht in Chamisso (Eintrag in seiner „Romantischen Schule" von 1735, zit. nach R. Fischer[14]), ihm volle Anerkennung zollend, „*einen der eigentümlichsten und bedeutendsten modernen Dichter, welcher weit mehr dem jungen als dem alten Deutschland angehört*".

---

14 Robert Fischer *Adelbert von Chamisso* Berlin, Erika Klopp Verlag 1990.

Und später sollte Thomas Mann folgende Worte im Nachwort für eine Neuausgabe von *Peter Schlemihls wundersame Geschichte* über ihn schreiben (zit. nach R. Fischer):

> *„Es ist überliefert, daß er, produzierend, bis zuletzt seine Eingebungen laut auf französisch vor sich hinsprach, bevor er daran ging, sie in Verse zu gießen, – und was zustande kam, war dennoch deutsche Meisterdichtung."*

Die erwähnte Sprachbegabung, sein Assimilationsgeschick, seine über nationale Strukturen hinwegreichende liberale Gesinnung, die Gunst der Aufbruchsstunde oder auch seine mühsamen Anstrengungen eines ehrgeizigen, kulturellen Integrationswillens ermöglichen diesen enormen Wachstumsprozess.

Während er nach den Jahren der Adoleszenz Karriere in der preußischen Armee macht, erwacht immer mehr sein Interesse für die Literatur. In Berlin befreundet er sich mit dem Dichterkollegen *Varnhagen von Ense* und gibt mit ihm zusammen 1804 erstmalig den *Musenalmanach* heraus, der bald auch Dichter wie *Friedrich de la Motte Fouqué, Achim von Arnim, Wilhelm Schlegel* und sogar *Fichte* anlockt und von diesen mit Beiträgen bedacht wird. Nachdem Chamisso endlich im Jahre 1808 – nach französischer Kriegsgefangenschaft – aus der Armee entlassen wird, ist er Jahren der Orientierungslosigkeit und einer beeinträchtigenden Depression ausgeliefert. Er sucht die Nähe von *Wilhelm von Schlegel*, lernt schließlich die Schriftstellerin *Germaine de Stael* kennen. Ihr folgt Chamisso bis 1812 durch Frankreich und in die Schweiz.

Er sammelt altfranzösische Volkslieder, studiert intensiv Botanik, wie auch englische, spanische Sprache und Literatur. Dann nimmt er in Berlin ein Medizinstudium auf. Eine von Otto von Kotzebue unternommene, dreijährige Forschungsexpedition in die Südsee ermöglicht ihm, dem Botaniker, eine Rundreise um den Globus zu machen, von der er, heimgekehrt, spektakuläre Forschungsergebnisse präsentiert. 1819 wird er Ehrendoktor der Philosophie in Berlin und heiratet die 18-jährige Antonia Piaste. Nach dem frühen Tod seiner Frau, 1837, sucht er, dauerhaft Grippe geschädigt, seine Entlassung aus dem Amt. Er stirbt kaum 1½ Jahre nach ihr, im August 1838.

Neben seinen wissenschaftlichen Veröffentlichungen und Reisestudien, seiner Herausgebertätigkeit des *Musenalmanachs* gelten als Chamissos Hauptwerke: das Märchen *Peter Schlemihls wunderbare Geschichte*, seine *Gedichtsammlung* (erstmalige Publikation 1831) und *Bérangers Lieder*.

Übrigens fand Robert Schumann in den *Musenalmanachen* neben den Arbeiten von Chamisso auch sehr viele andere Dichtungen, so z. B. von Josef von Eichendorff, August Heinrich Hoffmann von Fallersleben, Justinus Kerner, Nikolaus Lenau und Robert Reinick. Die Musenalmanache galten als Fundgrube für literarisch interessierte Komponisten auf der Suche nach gestaltbarem, romantischem Gedankengut. Schumann hat außer *Frauenliebe und -leben*, op. 42, noch weitere Gedichte von Chamisso vertont; gleich damals im Jahre 1840 im Zuge der Niederschrift der *Frauenliebe* folgende drei: *Die Löwenbraut, Die Kartenlegerin, Die rote Hanne, (Drei Lieder nach A. von Chamisso op. 31)*, dann noch *Was soll ich sagen?* (in *Lieder und Gesänge*, Heft I, op. 27) und *Verratene Liebe* (in *Fünf Lieder für eine Singstimme*, op. 40).

Chamissos Leistungen als Übersetzer sind nicht zu unterschätzen, da sie nicht nur den deutsch-französischen Austausch, sondern auch den mit anderen Kulturen (Dänemark, Griechenland etc.) vorangetrieben haben. Chamisso ist auch der Übersetzer der berühmten *Vier Gesänge* Schumanns nach Texten *Christian Andersens*.

Adelbert von Chamisso scheint in seiner Vielseitigkeit, in seinem Wirkungsspektrum, was Literatur, Forschung, seinen Gründergeist und seine humanistische Mentalität anbetrifft, sich nicht fachspezifisch einordnen zu lassen. Schnelle, einseitige Beurteilungen seiner Vorlieben und persönlichen Schwächen (oder angeblich chauvinistischer Verhaltensmuster) prallen ab an seiner sozialen Gesinnung, seinem inneren Drang zum Aufbruch – sowohl räumlich wie geistig gesehen (!) –, und an seinen tatkräftigen Bemühungen für eine Veränderung der Gesellschaft. Das alles entspricht mit Nichten einer echten Biedermeier-Gesinnung.

Robert Fischer fasst in seiner Biographie über Adelbert von Chamisso wesentliche Aspekte seines unverwechselbaren Lebens zusammen:

„Seine Hinwendung zur Natur und die Konsequenz, mit der er schließlich seine Neigung zum Beruf machte, die Erfahrungen des Weltreisenden als Teilnehmer einer russischen Entdeckungsexpedition; die liberalen Anschauungen des aus einem alten Adelsgeschlecht stammenden Dichters, der sich bis in seine letzten Jahre hinein einen Blick für soziale Missstände bewahrte und für alles Neue aufgeschlossen blieb, rücken seinen Lebensweg, der vor mehr als 150 Jahren endete, in ein verblüffend aktuelles Licht."

Adelbert von Chamisso (1838)
Lithographiert von Meyer nach einer Zeichnung von F. Weiß
Akg-Images, Archiv für Kunst und Geschichte Berlin

Schumanns Empfänglichkeit für Chamissos Vorlage

Schumanns weibliches Innenbild ist geprägt von der aus frühester Zeit stammenden mütterlichen Symbiose, d. h. auch in deren ganzer Ambivalenz, die von naiv gelebter Liebe und Umsorgung bis hin zu bedrohlicher Vereinnahmung reicht. Wir würden, was die in den Anfangsjahren erlebte Mutter-Sohn-Beziehung anbetrifft, heute sicher von Kindesmissbrauch sprechen. Dazu kommt die erschreckende Sorglosigkeit der Mutter Christiane, die ihr zweijähriges Kind für 1½ Jahre in fremde Hände gibt, was Roberts später auftretende, tief wurzelnde Trennungsängste mitverursacht oder geschürt haben wird. Bezeichnend für diese äußerst problematische Zuneigungsambivalenz seitens des Sohnes ist allein schon der Tatbestand, dass Robert der singenden, Musikbegeisterten Mutter nie in seinem Leben eine Komposition gewidmet hat!

Robert Schumann, der in dem geschilderten Stadium einer seelischen Druckminderung oder wirksamen Erleichterung (gemeint ist die Zeit unmittelbar nach dem Gerichtsentscheid), einer erst jetzt zugelassenen, vorehelichen Erwartung für die weibliche Psyche besonders empfänglich war, tat mit diesem Zyklus einen musikalisch-psychologischen und ganz und gar empathischen Blick in die Seelenlandschaft der Frau, wobei er vor allem aber etwas Entscheidendes über *seinen* in ihm tief verborgenen Wunsch nach symbiotischer Verschmelzung mit der Geliebten aussagte. Er, der durch amouröse Abenteuer und häufiges Anbändeln viele Kenntnisse vom anderen Geschlecht erhalten hatte, war sich seines Anspruchs wohl bewusst, optimale Nähe als auch ergebene Bewunderung erfahren zu wollen, genauso aber sich stets ohne Rechtfertigung abgrenzen zu können und Verständnis für den spontanen Rückzug voraussetzen zu dürfen. Nun, angesichts der existenziellen, unvergleichlichen Liebesbeziehung zu Clara war er bemüht, alle Energien aufzuwenden, um die quasi ideelle Vorstellung einer „reinen" Symbiose (?) mit Clara in Realität zu verwandeln, diese nach Kräften nicht zu gefährden und in der großen Empathie zu seiner Geliebten sein ihn seit Jugendzeit verfolgendes Beziehungsdilemma zu überwinden.

Und damit sind wir schon in absoluter Nähe von Schumanns positivistischer Erwartungshaltung bzgl. eines geradezu determinierten, sich in Liebe für den Mann aufopfernden Frauenschicksals: bei *Frauenliebe und -leben*. Es ist sein persönlicher, schöpferischer Versuch, sich mit totaler Einfühlsamkeit und der Sehnsucht nach symbiotischer Verschmelzung auf die seelische Ebene der *liebenden Frau,* – ganz peripher auch *seiner* Geliebten (?) – zu begeben, natürlich hypothetisch, doch mittels der Erstellung eines Gesamtbildes, einer grandiosen Vielfalt und Tiefe der Empfindungen und seelisch prägnanter Momentaufnahmen.

Schumann hatte schon als junger Bursche eindrucksvolle Ratespiele am Klavier veranstaltet, bei denen er manche Freunde und Verwandte auf unnachahmliche Weise in *Stegreifimprovisationen* „portraitiert" hat (z. B. seinen Jugendfreund Ludwig Schunke). Doch war nun die Sache mit Clara eine andere. Er hatte in der schwierigen Zeit unter Entfremdungsängsten gelitten und hatte sie nun, für sein Gefühl, zurückerobert. Natürlich musste es den erleichterten, stark verliebten Bräutigam in Versuchung bringen, seine ebenso verliebte, ihn bewundernde Braut mittels Chamissos Text potentiell als „idealtypische Ehefrau" zu betrachten und ihr liebevoll, aber auch *vorsorglich* die von ihm präferierte Rolle als Frau und Mutter musikalisch eindrücklich zu „offerieren". Es sei klärend hinzugefügt, dass Roberts „Frauenidealbild" und seine langzeitig „auf Distanz" gelebte Liebe mit so vielen existenziellen Problemen und inneren Zerwürfnissen behaftet war, dass Chamissos Lebensentwurf einer Frau welcher ihn faszinierte, eigentlich nur wenig mit seiner Clara zu tun haben konnte. Selbstverständlich kannte Schumann Claras eigenständiges Wesen, ihre klare Zukunftsperspektive, ihre Willensstärke, die Kraft der Durchsetzung und ihre Maximen. Doch ging er womöglich davon aus, diese Tugenden seiner Frau gleich zu Beginn der Ehe in *seinem* Sinne zu formen, zu lenken und alsbald in *sein* eigenes Lebensmodell einbinden zu können. Mag sein, dass manche Schumann-Kenner auch hierin einen Zug zum überschwänglich Opportunistischen sehen, welcher Schumanns Wesen schon früher offenbart hatte.

Die ganze Liebeseuphorie mit ihrem romantischen Überschwang konnte jedoch, – und das ist vorstellbar, vielleicht sogar vorprogrammiert (?) – sehr leicht kippen, wenn diesen seelisch wankenden, Liebesgeschädigten Menschen die unbändigen, als Kind erfahrenen Trennungsängste einholen würden, wenn er seiner noch so liebeswilligen Frau und sich selbst zur unerträglichen Belastung werden würde, wenn er mit seiner erzwungenen Dominanz und seinem Minderwertigkeitsgefühl die einst glücklich gelebte Eheharmonie ausheben würde, so, wie der spätere Verlauf der Liebesbeziehung zwischen Robert und Clara es dann auch gezeigt hat.

Man hüte sich davor, die einfache (man möchte heute sagen: anspruchsarme) Protagonistin Chamissos aus Schumanns Sicht mit Clara gleichzusetzen. Aber Clara war natürlich den gesellschaftlichen Normen und Erwartungen ebenso verpflichtet, ungeachtet ihrer eigenen, ganz persönlichen Sehnsucht nach unzerstörbarer Liebe (!), nach der langen, quälenden Abstinenz von der Mutter und der denkbar einengenden Dominanz des Vaters. So war ihre Anpassung an die männlichen Erwartungen, speziell an Roberts früh geäußerte Bedürftigkeit erst einmal selbstverständlich. *„Er wollte und brauchte es, ihr Alles zu sein."*[15]

Diese Gefühlsbasis Schumanns, die derjenigen in *Frauenliebe und -leben* aus der vermeintlichen Sicht des Mannes ähnelt, schmälert keineswegs die davon freie, Gestaltgebende Kraft des Komponisten Schumann sowie die emotionale Glaubwürdigkeit der geschöpften Seelenbilder! Im Gegenteil: Schumann wird hierin instinktiv versucht haben, die einst von der Mutter gelebte, ambivalente und vereinnahmende Symbiose mit ihrem Sohn in das „Gegenmodell" einer aufrechten, hingebungsvoll gelebten Symbiose mit der Geliebten zu verwandeln.

Derart beide Interessenssphären auf empathische Weise vergeistigend, schuf er, abseits von persönlicher Deskription, auch das „hohe Lied der Liebe", das sich im Denken an eine bedingungslose Hingabe ebenso auf den Mann übertragen ließe!

Deshalb sind auch aus Schumanns schöpferischem Blickwinkel emanzipatorisch aufdeckende oder feministisch geprägte Einwände eigentlich nicht gefragt, da sie an der *absoluten* Gefühlsbekundung der Musik, de facto an der vorbehaltlosen Hingabe an den geliebten Menschen vorbeigehen!

Schumann hat mit seiner musikalisch formalen und emotional sinnlichen Fassung des Liederzyklus' besonders die Liebe und Hingabefähigkeit der Protagonistin apostrophiert. Es ging ihm nicht um „Ausschmückung" – was allein daran abzulesen ist, dass er wenige Text- oder Strophenwiederholungen vorgenommen, vielmehr aber gar nicht notwendige Texte getilgt hat! –; es ging ihm nicht um erzählerisches Kolorit oder um die Romanciers zu eigene Beschaulichkeit, und schon gar nicht um einen Vorzeigefall, welcher der Absicht einer versteckten Belehrung oder einer moralisierenden Leitidee entsprungen wäre.

Anscheinend hat er das grundsätzliche Anliegen des Dichters genau verstanden, indem er die Wucht, die Ohnmacht, die Gnade und Erschütterung des Lebens an sich, – Qualitäten, welche mit der Frauenliebe einhergehen oder durch diese erst zur Totalität des Lebens vorstoßen (?) –, unprätentiös, doch scharf konturiert herausgearbeitet hat! Mit „fotografischen" Momentaufnahmen hat er, dem Text entsprechend, einige Stationen des Frauenlebens exemplarisch in den Hörraum gestellt, ihnen gestische, so doch sublime Kraft angedeihen lassen und ebenso viel Substanzielles und auch zwischen den Zeilen (und zwischen den Liedern, z. B. in Nachspielen) Hörbares zum Ausdruck gebracht.

---

15 in: Dagmar Hoffmann-Axtleben R.Schumann – eine psychodynamische Studie, S. 86.

Musikalische „Brücken"

Um sogleich auf die Gestalt und den Zusammenhalt der Lieder in ihrer Gesamtheit zu kommen, fällt ein erstes, „verbindendes" Phänomen ins Auge und ins Ohr: Der aufmerksame Hörer entdeckt bald „musikalische Brücken" innerhalb und zwischen den Liedern auf der *melodischen, rhythmischen* und *harmonischen* Ebene, welche in etwa so geartet sind, dass er die musikalischen Veränderungen an einem gekannten Sujet intuitiv mitvollziehen kann, d. h., dass ein und dieselbe *Person*, – ebenso *ein und dieselbe musikalisch chiffrierte Gestalt* – den Verwandlungen des Lebens dauerhaft unterworfen und ebenso ausgesetzt erscheint, zuweilen mit melodisch gekanntem, teils diskretem, teils signifikanten Hörmaterial assoziiert wird, da sie sich mit dem gleichen melodischen Material „umhüllt" und sich nicht selten im analogen Gewand zu erkennen gibt.

Welches Wort für die weibliche, im bürgerlichen Leben des frühen 19. Jahrhunderts still und respektvoll bewunderte, im Liederzyklus in einen emotionalen Klangkonstrukt gestellte *„Persona" (feminina)* wäre treffender als das ursprüngliche lateinische Wort *personare / persona;* eine Wortgestalt, die der Klangwille bereits durchtönt.

> Vielleicht liegt *ein* Schlüssel für die große Homogenität des Zyklus' darin, dass Schumanns Werkansatz sich in einer souverän ausbalancierten Form und in einer sich „positiv" verzahnenden, motivischen und *submotivischen Einheit* präsentiert. (Das soll im folgenden Kapitel, ab S. 57 behandelt werden.)

Dabei werden gerade die von Chamisso gedanklich vorgegebenen Irritationen und Überforderungen der liebenden Frau von Schumann ebenso eindringlich, wenn nicht substanzieller und tiefgreifender in den musikalischen Verquickungen nachgezeichnet (besonders im 1., 3. und 5. Lied). Das jedoch ist für Schumann so selbstverständlich, wie zwei Seiten einer Medaille überhaupt für die *Gesamtheit des Lebens* stehen. Unsere rezeptive Erfahrung von einer stupenden Einheitlichkeit des Zyklus' resultiert nicht zuletzt aus dieser musikalisch-seelischen Integration der Gefühlspole und deren motivisch changierenden Gestaltungen.

Die Tatsache, dass Schumann unmittelbar nach dem Bescheid der Ehe-Erlaubnis mit den ersten fünf Liedern des Zyklus' beginnt, weist auf die intuitive Reaktion hin, seine stets in sorgenvoller, oft verzweifelter Liebe verhaftete Gedankenwelt nun auf dem frisch eroberten Freiheitsterrain aktiv zu entfalten. Gerade die ersten fünf Lieder symbolisieren ja die Erwartungshaltung einer befreiten Liebe und sind darauf angelegt, sein Gegenüber, welches für ihn mit Claras Gefühlswelt durchaus in Verbindung stehen dürfte, bis zum Eintritt in den Ehebund darzustellen. Wenn zuweilen behauptet wird, Schumann habe nie eine glücklichere Arbeitsphase durchlebt als in seiner Ehevorbereitungszeit, so mag dies berechtigt sein, spürt man der schöpferischen Prägnanz, der schnörkellosen Klarheit, dem seelischen Reichtum und der tiefen emotionalen Genugtuung sowie Ungehemmtheit nach, die der Komponist bei der Niederschrift empfunden haben muss.

Aber selbst in dieser scheinbaren Unbeschwertheit ist noch im Hintergrund eine existenzielle Lebensangst und ein manisches Gefühl von seelischer Kontraktion und Verengung spürbar. Die gezeigte Lebenssituation wird, wie oben angedeutet, den außergewöhnlichen Drang bzw. den Wunsch nach einer persönlich motivierten Niederschrift angefacht haben, welche den naturgemäßen Ereignissen dieser intensiven, zum Positiven gewandelten Lebensphase entsprungen sind.

Zur Aufführungspraxis und Interpretation:

Da diese Musik erklärter Weise als eine absolute *Bekenntnismusik* einzustufen ist, kann man folgern, dass Schumanns *Frauenliebe und -leben* nichts für „Feiglinge" (bekennender Liebe) ist und nichts für unentschlossene, scheue oder wenig Mut volle Sängerinnen. Das vom damaligen Frauenbild völlig unbeirrt und höchst persönlich abzulegende Liebesbekenntnis erfordert heute unter den aufgezeigten Bedingungen Charakterstärke und große Empathiefähigkeit.

Die heute betagte, künstlerisch wie pädagogisch erfolgreiche österreichische Sopranistin Annelies Hückl pflegte zu sagen, dass man *Frauenliebe und -leben* nur realisieren könne, wenn man verheiratet sei und am besten auch Kinder habe! Hinter dieser Meinung steckte kein selbstgefälliges Voreingenommen Sein, sondern das Bewusstsein für die Hingabe der Frau in ihrer menschlich-weiblichen Totalität und die daraus fachlich abgeleitete Konsequenz, dieses Bewusstsein tief aus dem Körper zu schöpfen und „in die Stimme zu bringen"! Eine solche Haltung sollte man als Interpret/in verinnerlicht haben, will man den Grundtenor der Aussage, eine vorbehaltlose Empathie mit der liebestrunkenen Frau, bei der Aufführung des Liederzyklus' nicht verfehlen.

Wesentlich für eine gültige Interpretation sind natürlich auch die sängerischen Voraussetzungen, was das *Stimmfach* betrifft. Schumann hält sich in seinen Liedern nicht sehr streng an den Ambitus einer Sopran- oder Mezzosopranlage, jedoch ist noch am ehesten dem darzustellenden Charakter zu entnehmen, welche Färbung, welches Volumen und welches spezifische Artgewicht die Stimme besitzen soll. So gesehen ist es auch nicht unerheblich, ob der stimmliche Grundcharakter der jungen, „verstörten" Frau entspricht (z. B. im 3. Lied), oder der geerdeten, euphorisch deklamierenden Frau (z. B. im 7. Lied). In *Frauenliebe und -leben* ist ein deutlicher Einschlag eines lyrischen Soprans und stellenweise eines stimmsonoren Mezzosoprans gegeben, nicht weniger bedarf es auch einer flexiblen und „leichten" Tonbildung in den hohen, in Euphorie aufblitzenden Szenen (bis zum *fis"*). Pauschal kann man davon ausgehen, dass ein lyrischer Sopran mit klingender, sonorer Tiefe ebenso in der Lage ist, den Anforderungen des Liederzyklus' zu entsprechen, wie eine Mezzosopran-Stimme mit hellen Anteilen, welche sich eine geschmeidige Höhe erarbeitet und erhalten hat.

So, wie das *Tonartenverhältnis* in allen Liederzyklen der Klassik und Romantik, mehr als gemeinhin üblich, geachtet werden sollte, weshalb der spezifische Klang der vom Komponisten gewählten Tonart nach Möglichkeit beibehalten werden muss[16], ist die Zuordnung und die spezielle Farbphysiognomie der Tonarten in *Frauenliebe und -leben* eine im Großen und Ganzen unantastbare Order für die Interpreten. Wenn sich auch die objektive Höhe des Kammertons gegenüber der Zeit Schumanns merklich verändert hat, so hat unser Gehör auch diese Entwicklung selbstverständlich adaptiert und lebt in dem aus damaliger Zeit stammenden Tonarten-Vergleichsfeld, quasi in einer Art genetischer Rückbindung. Die spezifischen Tonartfarben des Zyklus' sind allesamt kostbar, durchdacht und durchgehört, im Einzelfall umso mehr, wenn sie an exponierter Stelle einen Signalcharakter zu besitzen scheinen! (Z.B. kann die Farbgrundierung des 1. Liedes nur *B-Dur* bedeuten, speziell seine Schlusswirkung (!), nicht As-Dur und nicht C-Dur! Ins Ohr sticht auch die Klangwelt des „Irrsinns" im 3. Lied, *c-Moll*. Am Ende ist nur ein neutralisierter, klarer *C-Dur*-Abstieg vorstellbar, nicht ein etwaiger in B-Dur oder D-Dur. Muss man noch das freudig strahlende *D-Dur* des 7. Liedes erwähnen, oder den schneidenden *d-Moll*-Akkord am Beginn des 8. Liedes? Diese wenigen exemplarischen Beispiele mögen reichen, um die Bedeutung dieser Tatsache zu unterstreichen.

---

16 siehe dazu die ausführlichen Bemerkungen über das Tonartenverständnis Franz Schuberts in: Hans-Udo Kreuels „*Schuberts Winterreise*" Peter Lang Verlag, 2011.

Abkürzungen

A	Autograph
D	Dominante
D^7	Dominantseptakkord
$\frac{D}{D}$	Doppeldominante
$D_v^{6\text{-}5}$	Verminderter Dominantseptakkord mit Sextvorhalt, in die Quinte hinabgleitend
EA	Erstausgabe
rit.	*ritardando*
s	Moll-Subdominante
sP	Dur-Parallele der Moll-Subdominante
Sp	Moll-Parallele der Dur-Subdominante
T bzw. t	Dur-Tonika bzw. Moll-Tonika
T.	Takt:
tG	Dur-Gegenklang der Moll-Tonika
Tp	Moll-Parallele der Dur-Tonika
tP	Dur-Parallele der Moll-Tonika
Wdh.	Wiederholung
ZwD	Zwischendominante

Elemente formaler Gestaltung im Liederzyklus Schumanns

Die Lebensabschnitte des Frauenlebens fokussiert Schumann in drei Teilen, wobei diese drei Teile in Form einer Spirale sich immer mehr verdichten und konzentrieren. Fünf Lieder stehen für die *Verliebte* und die *Verlobte*.
    Das 5. Lied *Helft mir, ihr Schwestern* erfüllt eine Doppelfunktion. Die positive Hochstimmung der jungen Frau – auf der Suche nach sich selbst – beendet eine eher unsichere Lebensphase. Das Lied schildert erst einmal das *Ankommen* im (so genannten) Hafen der Ehe. Und aus dem Blickwinkel der Zukunft, des *Aufbruchs*, nimmt der Hörer an der direkten Hochzeitsvorbereitung teil, mit welcher ein Heraustreten des Mädchens aus der Gemeinschaft der Freundinnen symbolisiert wird. Die folgenden beiden Lieder (Nr. 6 und 7), oder besser 2½ Lieder (einschließlich der 1.Hälfte des 8. Liedes *Nun hast du mir den ersten Schmerz gethan*) schildern den Stand der *Ehefrau*, deren Schwangerschaft, Kinderglück und Trauer über den Tod ihres Gatten. Auch hier wird – im Fortgang der Zeit – das letzte Lied des Liederzyklus' zerteilt und mit einer Doppelfunktion ausgestattet. Vielleicht ist gerade das Schumanns geniale Idee, dass es ihm gelungen ist, an den schneidenden, spontan hineinfahrenden Schmerz des 8. Liedes eine Art *Lebensrückschau* der Frauenliebe anzuhängen, und diese nochmals kurz und prägnant zu fokussieren. Die einschneidende Zäsur am Liedanfang, aufgrund derer das Lied mehr und mehr „förmlich" auseinanderbricht, führt in der Liedmitte zum Homogenitätsbruch (der ja den Umständen des Lebens abgehorcht ist!), und zu einem seelischen Vakuum, aus dem heraus die „2. Hälfte des Liedes" die Irritation des einst aus der Lebensbahn geworfen Seins, die anfängliche Erregung des verliebt Seins, die überschwängliche Liebe der Frau, ihre tiefe Betroffenheit und Nach-Innen-Gekehrtheit von einst und zuletzt ihre perspektivlose, zurückbleibende Melancholie – nochmals im Zeitraffer einfängt!
    Die **Tonartenbezüge** beweisen diese *Dreiteilung* in Schumanns Zyklus'. Die ersten fünf Lieder stehen in den *b*-Tonarten: B-Dur, Es-Dur, c-Moll, Es-Dur und B-Dur, also in zweifacher Symmetrie; die Lieder der Ehefrau 6 – 8, in G-Dur, D-Dur und d-Moll, sind gerade im 6. und 7. Lied dem Helleren, den Kreuztonarten zugewandt. Sodann folgt der Schlussepilog (die 2. Hälfte des letzten Liedes, in B-Dur), wieder wie am Beginn, womit sich der Kreis schließt. Der Zusammenhalt wird auf allen Ebenen, besonders aber, wie erwähnt, durch Motivbrücken hergestellt: Das „Sekundmotiv", eingebettet in Tonrepetitionen, ist vorherrschend, sowohl im 1. Lied *Seit ich ihn gesehen* wie im 5. Lied *Helft mir ihr Schwestern*. Das

3. Lied, vielleicht das Aufgewühlteste, *Ich kann's nicht fassen, nicht glauben* zitiert dieses Sekundmotiv, quasi als Symmetrieachse zwischen den ersten fünf Liedern kurz vor Schluss im Klavier-Zwischenspiel. Kazuko Ozawa hat nachgewiesen, dass das Sekundmotiv anfangs in Schumanns Erstfassung des 3. Liedes auch dort im 2. Takt vorgesehen war:

Bsp.b

Auch **rhythmische** Zellen können als Motivbrücken herangezogen werden. So ist der *doppelte Achtel-Auftakt* jeweils vor der Sekundhebung, welcher sich durch den ganzen Liederzyklus zieht, ein Element der Bewegung, das als ein Topos der rhythmischen Intention gelten darf und als wiederkehrendes Modell greifbar – oder verdeckt – die Erinnerung wachruft. Wir finden diese rhythmisch-melodische Grundform im 1. Lied (als „Keimzelle": *„seit ich ihn..", „wo ich hin.."*); mit zahlreichen Intervall-Abwandlungen im 2. und im 3. Lied, und in reiner Form wieder im 5. Lied. Eindrucksvoll abgewandelt präsentiert sich die rhythmische Floskel auch im 6. Lied, wobei der Auftakt oft prolongiert und das Sekund-Intervall zur Quarte geweitet wird (z. B. *„Weißt du nun die Tränen, die ich weinen kann"*). Noch das 8. Lied spielt klar darauf an, wenn es heißt: *„der aber traf"*!

Das 5. Lied *Helft mir, ihr Schwestern* stellt den *Mittelpunkt* des ganzen Zyklus' dar. Durch die gemeinsame Tonart mit dem 1.Lied *Seit ich ihn gesehen* und dem „Schlussepilog", dem „9. Lied" (B-Dur), ist es mit dem Anfang und Ende symmetrisch verankert. Wir haben gesehen, dass ja auch inhaltlich (und in der Tonartenzugehörigkeit) eine „Klimaveränderung" zwischen der vorehelichen Situation und dem Eintritt in die Ehe stattfindet.

Übrigens war der ausleitende *Brautzug* im 5. Lied – melodisch und rhythmisch eine Variante des geweiteten „Sekundmotivs" (Bsp.c) – sicherlich Vorlage für den Hochzeitsmarsch im *Lohengrin* von Richard Wagner. Diese zuversichtlich voranschreitende, sowohl stolze wie sittsame Bewegung ist nicht als punktuelle Episode zu werten, sondern sie bildet quasi die *Achse*, den symmetrischen Ankerpunkt und Aufbruch in die 2. Hälfte des Liederzyklus'. Von diesem B-Dur-Klang geht die Erinnerung zurück zum ersten B-Dur-Klang des Liedes *Seit ich ihn gesehen*, und hinüber zum „9. Lied", welches ernüchtert und desillusioniert im trägen Sarabandenschritt dem erinnerten B-Dur-Klang das Schlusswort überträgt.

Elemente formaler Gestaltung im Liederzyklus Schumanns   59

Bsp.c

Wahrscheinlich wurde auch die Wellenbewegung dieses Liedes, welche nah an diejenige der zuvor komponierten *Widmung* (aus dem Liederkreis *Myrthen*, Schumanns Brautgeschenk an Clara) angelehnt ist, vom Komponisten als ein verwandtes Bewegungsmodell, aber nicht als ein „Abbild" (vgl. die Liedbesprechung des 5. Liedes, S. 87 f) gestaltet.

Die Rahmenlieder des zweiten Blocks (Lieder 6 und 8) stehen im langsamen Tempo und beginnen mit einem Dreiklang auf D, allerdings mit vertauschter Intention, (verträumtes D-Dur im *Süßen Freund* und jäh aufschreiender d-Moll-Dreiklang am Beginn des 8. Liedes *Nun hast du mir den ersten Schmerz gethan*). Auch dies ist eine sinnfällige Klammer in der Verbindung dieser drei Lieder unter einander!

Übrigens zeigt der melodische Beginn des 8. Liedes *Nun hast du mir den ersten Schmerz gethan* auffällige Ähnlichkeit mit dem 7. Lied des Eichendorff-*Liederkreises* „Auf einer Burg". Auch dort endet das Lied unerfüllt in der Dominant-Tonart, dem Sinnbild der „Fragwürdigkeit", wie es weiter gehen soll; einem Sinnbild der zeitlichen Relationen zwischen der „ewigen" Natur und unserem begrenzten Leben und als Ausdruck eines Zustands, der ins Leere fällt.

Der „Schlussepilog" oder besser: der Abgesang (dritter Teil der formalen Gesamtreduktion: 5 – 3 – 1) sublimiert also den weiteren Lebensverlauf unserer Heldin, in tiefe, abgekehrte Melancholie versinkend, einverstanden mit dem Leben und dem Gewesenen, aber ganz der Rückschau, der einstmals Kraft spendenden Liebe verpflichtet. Und weil Schumann die gleiche, karge Kadenzfigur des Beginns *Seit ich ihn gesehen*, die gleiche melodische, sich aufschwingende Entwicklung der Liedmitte und den gleichen polyphonen und sodann schrittweise abgestuften Abgesang verwendet, entsteht vor uns eine erinnerte, aber **entleerte Liedstruktur** (ohne lebendige Stimme), die erst jetzt in ihrer Konzentration und defizitären Kargheit ihr innerstes Wesen offen legt. So empfinden wir das Anheben des Schlussepilogs so recht als „Trauermarsch" (im Dreiertakt), als nachgereichte, verdichtete oder umgedeutete Essenz des Eingangsliedes. Dabei fokussiert die Mitte den sich offenbarenden Seelenschmerz als eine emotionsgeladene Liebesrückschau. Schließlich fängt der Schluss etwas Vergängliches, in sich „Zusammenfallendes" ein, etwas, das gestorben ist, auch wenn es dazu bestimmt ist, weiterzuleben. Wir sehen, was es damit auf sich hat, dass Schumann das edle, emotionsstarke 9. Gedicht von Adelbert von Chamisso nicht für eine Bearbeitung herangezogen hat. Was er hier an Möglichkeiten bewusst verworfen hat, fing er in dieser grandiosen, komprimierten Rückerinnerung ein.

Übrigens finden wir diese Tendenz einer emotionalen Fokussierung und inhaltlichen Konzentration am Ende mehrerer Liederzyklen Schumanns. Die eindrucksvollste Parallele ist wohl der Schluss der *Dichterliebe,* wo der desillusionierte, von Melancholie geschwächte, sich redselig aussprechende Poet, – der abschließend mit dem musikalischen Material des 12. Liedes *Am leuchtenden Sommermorgen* charakterisiert wird –, in einem essentiellen, sich „anheimstellenden" Rückzug in die Innenwelt entschwindet! Ebenso sinnfällig bzw. aufschlussreich für diese seelische Rückzugsstrategie ist auch die *Liederreihe op.35,* die „*Kerner-Lieder*", in denen Schumann am Ende des Zyklus' zwei verschiedene Texte in ein und dieselbe musikalische Form gießt, um die Liederfolge in offener, wehmutsvoller Unerfülltheit zu beschließen. Da hier die Texte unverwechselbar unter den Eindruck der *Endgültigkeit* gestellt sind, wirken die Formen der musikalischen Wiederholung, auch wenn sie – im Gegensatz zum Schluss der *Frauenliebe* – mit der Gesangsform verbunden bleiben, entleert, verloren im Raum, heimatlos und unerfüllt. –

Wir stellen fest, dass dieses quasi „9. Lied ohne Worte" der *Frauenliebe* viel mehr als ein „Nachklang" ist. Es ist stattdessen eine offene Wunde, ein nackter, unverbrämter Erinnerungsschmerz, ein Durchleben des abhanden gekommenen Glücks wie ein unfreies, so auch unabdingbares Festhalten an der Körperlichkeit des Verstorbenen, des mit ihm Durchlebten, des verhaftet Seins, des ausgeliefert Seins an den eigenen Liebesschmerz als die moralische oder ethische Forderung und Konsequenz der Frauenliebe: der Treue über den Tod hinaus als Fortsetzung der unabdingbaren Hintanstellung des eigenen Lebens.

In der Gesamtwahrnehmung finden auf dem männlichen Gefühlsplafond Robert Schumanns eben auch hier seine allgegenwärtigen Trennungsängste, gekannte Irritationen seines Grundgefühls und schnell verwehende Glücksgefühle – trotz positivster Begleitumstände der Entstehung dieses Werkes – ihren Niederschlag. Damit gelangen wir automatisch an die Schwelle des persönlich gebundenen, manischen Verhaftet Seins der schizoiden Persönlichkeit Schumanns, der ja von psychotischen Schüben oder Vulkanartig herausbrechenden Traumata in seinem Leben immer wieder aufs Neue eingeholt bzw. durch die ihn überfordernden Situationen immer wieder „unter Strom gesetzt" wurde.

Symbiose mit der Geliebten als seelischer Anker, als Absicherung für sein gefährdetes Leben und natürlich als ersehnte Liebeserfüllung war sicherlich seine (hypothetische) Wunschvorstellung, indem sie Sicherheit schaffen musste gegen einerseits zu viel Angst vor Nähe und andererseits einer so großen Angst vor der Trennung. Wir haben kein anschaulicheres, seelisch konzentrierteres Zeugnis Robert Schumanns, welches seine tiefe (verdeckte) Sehnsucht nach einer von Seiten der Frau symbiotisch gelebten Partnerliebe greifbarer zum Ausdruck bringen würde als *Frauenliebe und -leben.*

Das Spiel mit Symmetrien und Antinomien

Der Tonartenplan des Zyklus' dient als bedeutungsvolle Klammer bzw. als Verhältnis- und Entsprechungsebene. Eine Vielzahl von symmetrischen Modellen obendrein aber beweist die akribische Vernetzung von Tonfarben, rhythmischen Grundierungen, melodischen Zellen und linearen Entsprechungen.

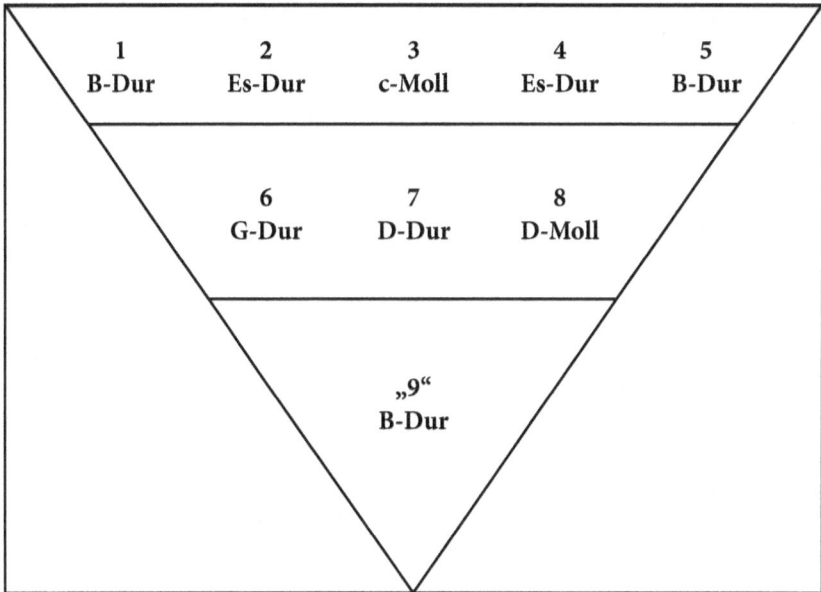

Ein Blick auf die Tonartenabfolge in Bezug auf die inhaltliche Gliederung lässt Schumanns Absicht erkennen, ein neunteiliges (!) zyklisches Gebilde geradezu Diagrammartig proportional zu verkürzen (siehe Tonarten-Tabelle)! Die ersten fünf Lieder bilden die Ausgangsebene des Diagramms, inhaltlich gesehen die voreheliche Liebesbeziehung der Frau; mit den folgenden drei Liedern (Lieder 6 – 8) wird auf der mittleren Ebene die Zeit der Ehe in eine prägnante Form gegossen, einschließlich ihres tragischen Schlusspunktes, dem Tod des Gatten; und die dritte Ebene, die „Zuspitzung" des Kegels – ebenso im übertragenen Sinne ableitbar als ein geistiger Extrakt gelebten Lebens (?) – exponiert lediglich *ein* (wortloses) Lied, ein in Schumanns Vorstellungswelt Basisorientiertes Lied, welches in Form eines reinen Klavierepilogs – an Stelle von Chamissos 9. Gedicht – als Reminiszenz an die Liebe und das Leben an den Schluss gesetzt wird.

Die **Symmetrien**, die in der Art „*multipler Symmetrien eine sich symmetrisch multiplizierende Zykluskonstruktion*"[17] bilden, sind derart vielfältig und auf allen Ebenen, der harmonischen, satztechnischen und motivischen Ebene zu finden. Hier, im Beispiel des Tonartendiagramms, schlägt sich die harmonische Dreigliederung des Zyklus' sowohl im Inhalt nieder (den drei Lebensphasen) als auch im Harmonisch-Topographischen (der tonfarblichen Zuordnung zum musikalisch intendierten Klima der einzelnen Lieder und Liedblöcke).

Die ersten fünf Lieder entstammen gleichsam der „unbewussten" Sphäre der Frau. Sie sind dem dunkleren, archaischen Gefühlsbereich, dem b-Bereich (mit 2 und 3 b's) angegliedert. Die folgenden Lieder – die der Ehefrau – haben Anteil an einem aktivierten, „geschärften" Bewusstsein (Kreuztonarten). Sie treten in eine hellere Sphäre ein, hoffnungsvoll glänzend (6. Lied), aufblühend in der Perspektive gestärkter Lebenslust und eines erfüllten Lebenssinns (7. Lied). Sie stehen für realen Tatendrang, befinden sich auf der Höhe lebendiger Ich-Präsenz und streben entsprechend der Tonartencharakteristik dem helleren Tonartenbereich zu (G-Dur # und D-Dur 2#). Im 8. Lied kippt das Streben nach Helligkeit in hoffnungslose Melancholie um. Schaltstelle ist die abrupt ins Moll verwandelte D-Tonart, welche zugleich die *Tp* von F-Dur ist. Diese Brücke benutzt der Komponist auch beim Eintritt in den Schlussepilog – oder Reminiszenz des Eingangsliedes –, in das „9. Lied". Die Tonart B-Dur ist somit nicht nur Rahmen-, Gliederungs- und Wiederholungstonart, sondern dramaturgisch bedingter „Rückfall" in den dunklen, ebenso auch geheimnisvollen, archaischen Bereich des Seelenlebens.

Diesem Grundriss des Liederzyklus' entsprechend dient auch das nachstehende Diagramm in Form einer Tonarten-Achse zum Nachvollzug der Symmetrien:

B-Dur Es-Dur c-Moll Es-Dur **B-Dur** G-Dur D-Dur d-Moll **B-Dur**

Denn die beiden tonartlich umschriebenen Lebensphasen, sowohl von B-Dur$^{(1)}$ bis B-Dur$^{(2)}$ und wieder von B-Dur$^{(2)}$ bis B-Dur$^{(3)}$ egalisieren und neutralisieren sich letztlich in Schumanns Weltbild und prägen eine reine zyklische Spiralform aus.

Die Suche des Menschen nach sich selbst und das Leid, dem er unterworfen ist, werden vom Glück *unterbrochen* und all das, was der Mensch an Höhen und Tiefen durchlebt, stammt aus der geheimen, archaischen Naturgewalt und kehrt gleichermaßen wieder zu ihr zurück. Diese recht hilflos anmutende Perspektive

---

17 entnommen Ozawa, Kazuko *Quellenstudien zu Robert Schumanns Liedern nach Adelbert von Chamisso* Peter Lang Frankfurt 1989.

des Menschen beinhaltet dennoch ein großes, übergeordnetes Glück – ganz im Sinne der großen romantischen Geister (z. B. Lenau, Eichendorff oder Novalis) –: das Glück, in den Mutterschoß der Natur zurückzufallen und Geborgenheit und Frieden im Eins Sein mit ihr erfahren zu dürfen. Wenn auch die mitunter kaum zu verarbeitenden Irritationen am Ende vorherrschend zu sein scheinen, gibt es ein Eintauchen in eine Sphäre, die den Menschen auffängt, vielleicht sogar heilt und erlöst. Man könnte den Schluss von *Frauenliebe und -leben* so verstehen und würde sich damit auch in einem ähnlichen Sinngefüge wie in der *Liederreihe* nach Justinus Kerner oder in der *Dichterliebe* (nach Heine) wiederfinden.

Weitere Symmetrien, welche die Kreisform des Liederzyklus' mitprägen

In der unten stehenden Tabelle sind grundsätzliche Parameter der Lieder zu einander gestellt. Nicht nur aus der Tonartenfolge wie aufgezeigt, sondern aus weiteren Grundgelegten Gestaltungsfaktoren und Kalkulationen einer über „9 Lieder" (!) sich erstreckenden Zuordnung ergeben sich spiralförmige Symmetrien, welche zum großen Teil auf Schumanns *Intention* (vgl. den Werkansatz Ludwig van Beethovens!), und nicht etwa *nur* auf seine Inspiration zurückzuführen sind!

Auftakt?	Takt	Charakter	Schwerpunkt	Werktypus	Bewegungsart	Nr.
ohne/mit	$3/4$	Larghetto	Taktmitte	Sarabande	leicht gestaut	1
ohne	$4/4$	Innig, lebhaft	„1" des Folgetaktes	heroischer Tanz	fließend, „heroisch"	2
mit	$3/8$	Mit Leidenschaft	jeweils zum 3. Takt	Geschwindtanz	syllabisch, bizarr	3
mit	$4/4$	Innig	auf „1"	Lied	langsam, fließend	4
ohne	$4/4$	Ziemlich schnell	Taktmitte	lyrisch balladesk	schnell, fließend	5
mit	$4/4$	Langsam	auf „1"	rezitativ. rhapsod.	deklamierend, langsam	6
ohne/mit	$6/8$	Innig, fröhlich	zur „3"	Geschwindtanz	syllabisch, recht haltlos	7
mit	$4/4$	Adagio	auf „1"	„Bardengesang"	gestaut, deklamiert	8
ohne	$3/4$	Larghetto	Taktmitte	Sarabande	leicht gestaut	9

Es ist recht naheliegend, in jeder der aufgezeigten Rubriken mehrfache oder einfache Symmetrien zu sichten.

In der **Auftakt**-Spalte handelt es sich um eine Innensymmetrie (5. als Mitte, 4. zu 6. / 3. zu 7.). Auffällig ist außerdem, dass am Beginn des 2. Liedes *Er, der Herrlichste von Allen* und am Beginn des 8. Liedes *Nun hast du mir den ersten*

Schmerz gethan jeweils eine „gefühlte" Halbe Note steht, welche die Lieder auch deshalb symmetrisch aneinander bindet, weil beide den charakteristischen Quintfall nach sich ziehen.

In der **Takt**-Spalte ergibt sich eine ganzheitliche Symmetrie!

Bei der Bezeichnung der **Charaktere** herrscht eine weitgehende Symmetrie vor. Zu den divergierenden Charakteren wie auch den weit auseinander liegenden Bewegungsformen des 2. Liedes *(innig, lebhaft)* und des 8. Liedes *(Adagio)* sei hinzugefügt, dass sich diese beiden Lieder als die *gegensätzlichsten Gefühlspole* des gesamten Liederzyklus' antagonistisch auf einander beziehen!

Besonders interessant ist das Ergebnis in der **Schwerpunkt**-Spalte, welche eine vollkommene Symmetrie aufweist!

Eine weitgehende Symmetrie findet sich auch in der Spalte des **Werktyps.**

Ebenso haben wir es auch in der Spalte des **Bewegungsduktus** mit einer weitgehenden Symmetrie zu tun. Das 3. Lied *Ich kann's nicht fassen, nicht glauben* weist gegenüber dem 7. Lied *An meinem Herzen, an meiner Brust* – trotz ihres denkbar gegensätzlichen Charakters – eine vollkommene Tempo-Übereinstimmung des Grundpulses auf! (Man beachte in diesem Kontext die *kontradiktorische* Bestimmung des 2. und des 8. Liedes im Hinblick auf den Bewegungsduktus!)

Handelt es sich bei einem solch atmenden zyklischen Gebilde – natürlicherweise auch im romantischen Sinne – um individuell unverwechselbare Liedeinheiten (!), so ist eine, in derart vielfältigen Gestaltungselementen herauskristallisierte *Übereinstimmung* und gegenseitige Bezugnahme, überhaupt ein solches organisiertes Gemeinsamkeitsprinzip, für einen Liedzyklus ziemlich verblüffend. Insgesamt steuert dieser inhaltlich ja einen *offenen* Ausgang trotz aller symmetrischen Entsprechungen an und fasst dennoch den das Leben abbildenden Entwicklungsgedanken in ein formal streng ausbalanciertes Grundkonzept ein.

Ein solches musikalisches Phänomen – die Durchdringung eines Entwicklungsgedankens mit einer streng symmetrischen, eben auch neunteiligen Form – stellt sich noch in der *Chromatischen Phantasie und Fuge d-Moll*, BWV 903, von J. S. Bach dar.

„Motivik", welche sich nicht auf den ersten Blick erschließt

Der Leser/die Leserin mag sich fragen, ob ein solch kalkuliertes Motivdenken überhaupt relevant ist für die Beurteilung eines Kunstwerks wie diesem? Ob man als wohlmeinender Musiktheoretiker sich nicht im Dschungel der Liniengewächse verfängt? Keineswegs! So, wie ein Botaniker die staunenswerten Gesetze eines Pflanzenwuchses in immer neuen Erkenntnissen herauskristallisiert, so wird die Organik des schöpferischen (ungreifbaren) Schaffensaktes immer schillernder, großartiger, logischer und inhaltlich verdichteter, je mehr der/die Hörende diese Gesetzmäßigkeiten nach vollzogener Bewusstwerdung in seine ganz naive, Emotionsgeleitete Rezeption einspeichert.

Eine sicherlich Strukturrelevante, in diesem Erlebnissinn bedeutende *Motivbrücke* ist die **diatonisch oder** (auch als Ableitung dessen:) **chromatisch fallende Terz**, die in den Vorhalts-Akkord abgleitet. Ob man bei dieser formalen Komponente von Submotivik sprechen soll oder nicht, ist erst einmal nicht relevant. Sie ist jedenfalls von entscheidender Bedeutung für den musikalischen Zusammenhalt!

In meinem Buch *Schumanns Kerner-Lieder* habe ich nachgewiesen, dass das Duett *Er und Sie* (aus dem Jahr 1849) ein „Motiv der Verschmelzung" bzw. ein Motiv leidenschaftlicher Liebesbekundung, quasi als Schlüsselstelle aufweist, T. 66: *„Blick ich nur – auf Eine (auf Einen)"*. Dieses geradezu „physiognomische" Schumann-Symbol findet sich ebenfalls – 9 Jahre zuvor – an den entscheidenden Schaltstellen des *Frauenliebe-Zyklus':*
Im 1. Lied: *„seh' ich ihn allein"*

Bsp.d

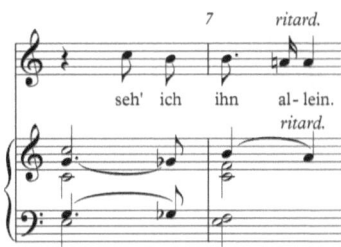

im 3. Lied: „*es kann ja nimmer so sein!*",

Bsp.e

im 6. Lied: „*fest und fester*"

Bsp.f

Und im 8. Lied: „*die Welt ist leer, ist leer*",

Bsp.g

im „9. Lied ohne Worte": und zwar „gestaut":

Bsp.h

Ähnliche melodische Dreitongruppen wären an manchen Stellen auszumachen (wie z. B. in T.42 im 5. Lied *Helft mir, ihr Schwestern* die Stelle „*grüss' ich mit Wehmuth*"). Diese melodischen Wendungen stehen generell für eine seelische Konfrontation oder einen existenziellen Innenkonflikt etc. und bedienen sich der damit verbun-

„Motivik", welche sich nicht auf den ersten Blick erschließt 69

denen Intensitätssteigerung. Doch soll von diesen allgemeineren, in Schumanns Schreibstil häufig eingebundenen Tongruppen, welche seinen ganz persönlichen Melodieverlauf kennzeichnen, hier abgesehen werden, während es sich aber bei der aufgezeigten „Motivbrücke" wohl um die Vorform eines *Leitmotivs* handelt, d.h., dass sein Auftreten höchstwahrscheinlich einer bewussten Intention und der Idee einer Verklammerung folgt! So sind auch nur *die* Drei-Ton-Abstiege in Beispielen (Bsp.d – h) stellvertretend abgedruckt, welche die gleiche harmonische Situation (von der Subdominante ausgehend) aufweisen und welche den charakteristischen, abwärts gerichteten *chromatischen Durchgang* in der Innenstruktur besitzen! Die jeweilige Darstellung des Motivs in der Funktion eines wiederkehrenden *Schlüsselgedankens* ist also musikalisch wie inhaltlich begründet. – Auch das allein ist schon eine nicht übersehbare Gliederung zwischen den Liedern, die anscheinend die Innendramatik des gesamten Zyklus' auszufalten und zu gliedern beabsichtigt!

Die unprätentiöse, nicht besonders auffällige Eingangsfloskel des 6. Liedes *Süßer Freund* (die einleitende Akkordfolge im Klavier) erscheint ja manchen Interpreten als ziemlich blass, ohne allerdings, dass solch ein vorhandener Eindruck von ihnen benannt würde. In der Beschäftigung mit Schumann gibt man sich generell rundum erfahren und kompetent. Viele der Interpreten, ja weitaus die meisten, haben aber kaum eine Ahnung von der motivischen Vernetzung und initiatorischen „Beseelung" seiner *musikalischen Rhetorik*. Auch wenn man zu Beginn kaum im Stande sein sollte, Zusammenhänge zu sichten und zu deuten, wird durch Aufmerksamkeit, Empathie und Forschergeist nach und nach ein innerer Gestaltgebender, gar nicht unbedingt spektakulärer „Gefühlsstrom" aufgedeckt. Und mit einem Mal erscheint etwas mit tiefem Sinn erfüllt, was in seiner Einfachheit zu Unrecht anfangs nur als floskelhaft gedeutet wurde. Diese Beobachtung ist gerade bei „einfachen", volksnahen Werken zu machen. (Übrigens ist es in der Bildenden Kunst derselbe Ansatz, der eine historische, Symbolträchtige Deutung mitgelieferter Details zum Erlebnis und zu vertieftem Verständnis führt.)

So erkennt man in diesem einleitenden Klaviermotiv die – hier ins absolut Positive umgedeutete – **Gegenbewegung** der ausgeführten Terz-Absenkung (des zuvor benannten *Schlüsselgedankens),* die nun im gelösten G-Dur zum Helleren und zum Glückssättigten Sekundakkord strebt! Welch' ein plausibler Vorgang, der zudem eine derartige Ruhe und Erfüllung ausdrückt (!):

Bsp.h   **Langsam, mit innigem Ausdruck**

Und das ist auch der Grund, nicht etwa Einfallslosigkeit oder „Blassheit" der Erfindung, warum Schumann im 6. Lied nicht müde wird, diesen Zustand immer wieder aufs Neue positiv zu beschwören.

Und handelt es sich im 8. Lied *Nun hast du mir den ersten Schmerz gethan* nicht um die gewollt drastische Zuspitzung dieses *chromatisierten Grundmotivs* („*die Welt ist leer, ist leer*"), wenn der Terzfall unter dem unbeirrbar dissonanten Klavierakkord f-Moll zur seelischen Zerreißprobe mutiert (Bsp.g)? Man kann sich keine unerbittlichere, schneidendere Umdeutung des Motivs von einst *(„seh ich ihn allein")* vorstellen als dieses chromatisierte Symbol der Ausweglosigkeit!

Dabei kann diese sowohl intuitiv wie bewusst gehandhabte Variationstechnik bei Schumann für etwas Willensbetontes stehen, oder sie kann sich auch als selbstverständliche, intuitive bzw. assoziative Vorgangsweise den Weg bahnen. Es gäbe viele Werke im Sinne obiger Andeutung, in denen man die Variantentechnik der *fallenden Terz* in ihren verschiedenartigsten Modifikationen vorfindet.

Ein Beispiel aus der Klaviermusik für eine intentionale „Materialschau" Robert Schumanns mag in diesem Kontext das kleine, unscheinbare „*Albumblatt"* (ohne Titel) im *Album für die Jugend op. 68* sein. Die hierin gleich eines musikalischen Werkstatt-Einblicks exponierte, *fallend abgestufte Terz* ist Herz des Stückes und verändert sich ständig mit dem formalen Spannungsaufbau. Auch hier wird sie kurz vor Schluss in imitatorischen Durchgängen zu einer spannungsgeladenen, chromatisierten Kleinterz zusammengeschoben, um mit einer befreienden Konfiguration am Ende des Stückchens sich wieder als reine diatonische Form *(e", d", c")* in der Tonalität C-Dur zu verankern und mit dieser formalen Geste auf seinen Beginn zurückzublicken!

Bsp.i (Beginn)

Bsp.j (Ende)

Die Lieder im Einzelnen

1. Lied
„Seit ich ihn gesehen"

(Larghetto. ³/₄-Takt, Tonart B-Dur, 36 Takte)

Was will die stockende Klavierbegleitung vermitteln? Sie suggeriert insgesamt einen verstörten, unsicheren und verunsichernden *Sarabanden*-Schritt. Die Sarabande, von ihrer Herkunft her ein schneller, oftmals als obszön bezeichneter spanischer Tanz, etablierte sich in England, Frankreich und Italien (Vivaldi) schließlich als langsame Tanzform *(grave)*. Auch die Nähe zum Tode ist bei diesem Tanz belegt, da dieser in lieblicher Weise den Übergang erleichtern sollte. So haben wir allein schon aufgrund der Entstehungsgeschichte der Sarabande eine in diesem Lied Sinngebende Mehrdeutigkeit oder auch changierende Charakteristik des Sarabanden-Rhythmus, weshalb Schumann ihn bewusst oder unbewusst zum *labilen* Bewegungsfundament seines Eingangsliedes wählt!

Diese Mehrdeutigkeit von Feierlichkeit, nicht selten einhergehend mit großem Ernst oder auch erotisch sinnlicher Eleganz, – dann wiederum von gravitätischer Selbstsicherheit in zuweilen extremem inhaltlichem Kontrast zu Kargheit und Stagnation – schlägt sich schon in manch klassischen Werken nieder. Besonders Franz Schubert (aber vor und mit ihm auch Beethoven) hat in der *Winterreise* und in anderen Liedern die *Mehrdeutigkeit* der Sarabanden-Charaktere auf höchst persönliche Weise ausgewertet.

Sollte sich hinter dieser von Schumann gewählten Bewegung noch mehr verbergen? Sei es ein gesamtes Lebensmodell, eine schicksalhafte Vision oder einfach ein Lebenspfad, der dem menschlichen Leben zugeordnet ist, ohne dass dieser dessen propädeutische Folgerichtigkeit erkennt? Man könnte auch in dieser Herangehensweise den Philosophen Schumann erkennen, der das Haiku (eines unbekannten fernöstlichen Dichters) über die Liebe anscheinend sehr wohl verstanden hat (?):

„Wer hat die Liebe denn Liebe genannt?
Ihr wahrer Name heißt Tod.
Denn, wen die Liebe überkommt,
den überkommt der Tod."

Die diskrete, abgetönte Klaviereinleitung ermöglicht noch keine Einschätzung des Liedcharakters. Schumann entwirft damit eine musikalische Folie, die zu einer enormen Spannweite des Gefühlsinhalts – gemäß obiger Andeutung und der daraus folgenden Umdeutungsabsicht am Ende des Zyklus'– tauglich ist. Die darauf im verhaltenen „*p*" aufsetzende, stockende Singstimme, welche kaum einen erkennbaren Aufbau zustande bringt, scheint lediglich die Gedanken der verstörten Frau „aufzulesen", ohne ihnen eine (melodisch-dynamische) Richtung geben zu können.

Bsp. 1

Eine erste harmonische Irritation stiftet der T. 4 mit dem verminderten Septakkord zur *Sp* c-Moll, zusammen mit dem verfrüht eintretenden, dissonanten Grundton *c* im Bass, welche miteinander das Wörtchen „*blind*" unerwartet herb fokussieren! So, im Nu, gleichsam schicksalhaft ins Moll-Gleis gestellt, schält sich in der Sequenz der T. 5 – 7 (entsprechend der T. 2 – 4) sogleich ein musikalisches „Motto" – für das Lied und für den gesamten Zyklus! – heraus:

Dieses weiterführende melodische Segment, T. 5 – 7, (welches nun wieder in die Tonart B-Dur zurückführt, doch mit einem schwer lastenden Atemzug in den Vorhalts-Sekundakkord F-Dur mündet), erfüllt nämlich keine gängige Sequenzerwartung (!), sondern steuert mittels intensivierter Sekundschritte (und dem niederdrückenden, *chromatischen Durchgang* in der Altstimme des Klaviers *g-ges-f*) einen emotionalen Signalpunkt an, der Erschöpfung, Erfüllung und schmerzliche Beeinträchtigung zugleich suggeriert „*seh' ich ihn allein!*"[18].

Das von Schumann gesetzte *ritardando* fungiert aber auch als Löser der bisherigen „Bewegungsunfreiheit", so dass die nun hinzutretenden Auftakt-Achtel zum ersten Mal im Lied intentionale Melodiebögen auslösen. Auch diese, um jeweils einen Takt verkürzten Sequenzen (T. 8/9 und T. 10/11) spielen Standort unsicher mit dem Tongeschlecht (B-Dur – c-Moll), womit das der verwirrten Frau „*vorschwebende Bild*" wieder die Empfindung ins Moll rückt, in dem ja schon die Negativaussage „*blind*" (T. 4) abgefasst war. Nach den melodisch freien, den Hörer suggestiv erfassenden Melodiekuppen – dem 4 Takte umfassenden B-Teil der dreiteiligen Strophenform – führt die melodische Gesangslinie verstiegen,

---

18 zur Bedeutung dieses „Motivs" siehe S. 67 ff.

tastend zum Ausgang B-Dur zurück, welcher jedoch nicht eintritt, da dieser in der Bassführung eigenwillig verwehrt wird (T. 15):

Bsp. 2

Das von Schumann feinsinnig genutzte *polyphone* Gerüst, mit dem er zeitliche Relativität und archaische Erlebnisspuren durch alte Stilmittel einfängt, wirkt zum einen geheimnisvoll distanzierend, kontemplativ oder gar emotionsleer *(„aus tiefstem Dunkel")*, um in der nachfolgenden Kadenz, welche über den Quartsext-Akkord B-Dur eingeleitet wird, wiederum positive Energien zu bündeln *(„heller, heller nur empor")*.

Dieser im Syllabischen wie in der harmonischen Spannung begründete Energiezuwachs – Schumann fügt bewusst im Text das Wort *„heller"* ein zweites Mal ein! – hat zur Folge, dass der antithetische Schlusspunkt, welcher im chromatischen Bassdurchgang unterhalb des denkbar labilsten Vorhalts-Tones *fis* (zur *Tp* g-Moll) eintritt, plötzliche Irritation und Desorientierung hervorruft! Diese wird im abschließenden Klavier-Zweitakter aufgefangen und so der harmonische Duktus zur Grundtonart B-Dur wiederhergestellt.

Allein die auf den ersten Blick irreguläre, ja fast amorphe Takt-Binnenstruktur der Strophe, – was natürlich ganz dem Inhaltlichen entspricht (!) –, wird durch ein geheimnisvolles, kaum erklärliches Formgefühl des Komponisten dennoch übergeordnet zu einer stabilen Gefühlseinheit zusammengefügt und verschweißt:
    Das äußere Taktschema der Strophe:
    Die „dreiteilige Liedform" (normalerweise 8 – 4 – 4 Takte) zerfällt in die 7 Takte umfassende melodische Exposition (1 + 6), dann in die 4 Takte zählende melodische Kuppe (Sequenz des Mittelteils) und in die 5 Takte umspannende melodische Ausleitung (zzgl. eines Klaviertaktes, also 4 + 1), welcher in die Wiederholung der identischen Form der 2. Strophe mündet. Die irregulären Abschnitte 7 – 4 – 5 ergeben also genau wieder die klassische Grundeinheit eines 16-Takters, die unsere (genetisch gewachsene) Hörempfindung als eine vollkommen ausbalancierte Proportion deutet!

Natürlich erstellt der Text der 2. Strophe andere, teils verwandte oder neu konstellierte Gefühlsfacetten zu der *gleichen* Musik, besonders spürbar z. B. in der Schlusswendung „*glaub' ich, blind zu sein.*", welche nun mittels ihres kühnen und vagen Trugschlussgebildes das Gefühl des Tastens, des nicht Sehens und nicht einschätzen Könnens noch um ein Vielfaches steigert.

Dass der verstörende, stockende Sarabandenschritt eine zwingend strukturierende Funktion in diesem Lied besitzt und auch ferner im Zyklus besitzen wird, verrät bereits Schumanns Absicht, die Liedaussage mit dem unerfüllt leeren, geheimnisvollen, geradezu apathisch anmutenden Viertaktgebilde einer Schlussgruppe im Klavier zu beschließen, besser gesagt, ins Leere fallen zu lassen!

Aber nicht nur eine vermeintliche Leblosigkeit der melodisch um einen Ganztonschritt herum lavierenden Figur kennzeichnet diese wenigen Klavier-Akkorde, sondern der darin feinnervig atmende Energieaustausch, welcher durch die einer Sarabande gemäßen Anhebungen der „2" des Dreier-Taktes zustande kommt. In diesem Sinne stiftet der Rhythmus der Sarabande vornehmlich an den Strophenanfängen und Strophenenden den musikalisch-inhaltlichen Bezug zu einer „althergebrachten", immerwährenden Grundempfindung, welche im wohl absichtlichen Rückgriff auf alte Stilmittel auch die T. 11 – 13 und 27 – 29 in satztechnischer Hinsicht ausprägt.

Die angesprochenen Subdominantischen Anhebungen setzen minimale, doch absolut charakteristische Energien frei, welche immerzu ein Wollen, eine Öffnung suggerieren, was jedoch zu keinem „aktiven" Ausschlag führt. Somit schmilzt die energetische Grundempfindung dieser behutsamen Akkord-Streckung auf eine diskrete „tänzerische Pose" zusammen, welche in ihrer fein angedeuteten Wellenbewegung dem Hörer lediglich übermittelt, dass es sich bei diesem Lied – wie wohl auch bei der gesamten Liederfolge – um einen *innerseelischen* Vorgang handelt, der nicht für den „offenen Raum" bestimmt ist.

Bsp. 3

2. Lied
„Er, der Herrlichste von Allen"

(Innig, lebhaft. ⁴/₄-Takt, Tonart Es-Dur, 71 Takte)

Wie bei den meisten Liedern des Liederzyklus' stimmt das Klavier mit einer prägnant kurzen Bewegungsvorgabe in das 2. Lied ein. Hier wird am Beginn eine herrschaftliche, erhabene Stimmung durch den pulsierenden Es-Dur-Quartsext-Akkord suggeriert, auf welchen die Singstimme ihrerseits mit der Quinte aufsetzt. Das Thema entpuppt sich als eine geradezu triumphierende Dreiklangs-Kaskade.

Bsp. 4

Wir kennen diese Fanfaren assoziierenden Dreiklangs-Themen aus einigen stolzen und euphorischen Liedschöpfungen Schumanns (z. B. Nr. 3 *Wanderlust*, „*Wohlauf noch getrunken...*" aus der *Liederreihe* nach Justinus Kerner, op. 35 oder Nr. 8 *Talismane*, „*Gottes ist der Orient*" aus W. von Goethes westöstlichem Divan aus den *Myrthen*, op. 25). Der anschließende charakteristische Septsprung hinab *(es" – f')* scheint den rätselhaft labilen Septsprung aus dem vorhergehenden Lied *(d" – es', T. 12 und 28)* kontradiktorisch in euphorisierte Strahlkraft *verwandelt* zu haben. Der Septsprung wie auch der chromatische Basszug (!) wecken somit eine starke Assoziation zum 1. Lied. Dadurch wird die jubelnde Dreiklangsfigur in Richtung von ernsthafter Größe und Erhabenheit modifiziert. Überzeugungskraft und Entschlossenheit senden auch die Doppelschlagfiguren in der Singstimme aus (T. 4 und 8), die auch zur jeweiligen Kadenzbefestigung beitragen.

Der signalhafte Dominante-Tonika-Wechsel, dreitöniger *Motivextrakt* aus dem Gesangsthema, (T. 5/6 „*holde Lippen,*") steht für ein euphorisiertes Selbstgefühl und bereitet daraus folgend den Sprungeffekt einer kraftvollen Modulation nach B-Dur vor. Der strahlende Aufbruch erfährt seine Ausdruckssteigerung natürlich aus dem Sextansprung der Singstimme – „*heller Stern*" T. 7/8 –, der hoch gelegenen Tonrepetition *(es")*, dem brillanten Doppelschlag und der tief aus c-Moll ausholenden Harmonienfolge (der *Sp* von B-Dur).

Das Dreiklangsmotiv, welches prägend für das Gesangsthema, genauso aber für die Klavier-Zwischenspiele des Liedes ist, suggeriert ein nicht enden wollendes Singen, Lebensfreude, die Lust an der Wiederholung, bedient sich einer modulatorischen Vielfalt und ihrer verschiedenartigen Beleuchtung; allesamt Merkmale, die diesem musikalischen Topos mit seiner spielerischen Dominanz im Lied zu eigen sind.

T. 21 hebt eigenwillig und geheimnisvoll mit einem Vorhalts-Akkord an (der unerwarteten *ZwD* mit doppeltem Vorhalt), welcher die zielsicher angestrebte Kadenz nach Es-Dur durch den Trugschluss c-Moll beiseiteschiebt. Interessant ist die Beobachtung, dass der an und für sich positiven Beipflichtung an den Geliebten, selbständig und unbeirrt „*seine Bahnen zu wandeln*", in Schumanns Interpretation eine wehmütig traurige Grundempfindung anhaftet (?) Nicht umsonst ähnelt diese im 2. Lied „neuartige" Figur in seinen Haupttönen einem melodischen „Wesenszug" aus dem 1. Lied (nach dem thematischen Siebentakter, T. 8, „*wie im wachen Traume..*" oder „*möchte lieber weinen..*"):

Bsp.5

und

Daraufhin entringt sich die unter starker Vorhaltwirkung aufsteigende Passage des beklemmenden „Untertones", woran auch der gerade (diatonisch) aufsteigende Bass seinen Anteil hat.

Die Lieder im Einzelnen

Natürlich haben wir es hier – wie oft im Liederzyklus – mit einer musikalischen Verwirklichung beider Prinzipien, dem des Mannes *und* dem der Frau zu tun, übrigens ein latent verdecktes Phänomen bei Chamisso, welches Schumann spürbar plastisch herausarbeitet. Während die sperrigen Vorhalts-Dissonanzen den kühnen, kraftvollen Lebensweg des Mannes charakterisieren, ist die Zurücknahme, die seelische Betroffenheit und melancholische Demutshaltung der Frau *gleichzeitig* präsent! Z.B. werden wir der Gesangslinie in T. 23 („*betrachte deinen Schein*", Bsp. 5) tongetreu wieder im 6. Lied *Süßer Freund* begegnen, wo es in T. 25/26 bezeichnender Weise heißt: „*Weißt du nun die Tränen...*". Das ist absolut kein Zufall. Denn auch hier ist beim „*Betrachten deines Scheins*" die Melancholie bzw. die seelische Betroffenheit präsent.

Diese musikalisch verdeutlichte Zurücknahme der Frau – im Gegensatz zu ihm – drückt auch das plötzliche „*sp*" *(subito piano)* des T. 25 (Bsp. 6) aus, wo der innige, doch etwas labil wirkende Sekundakkord (der D B-Dur) ein unerwartetes Innehalten suggeriert. In Konsequenz dessen moduliert die Phrase zum Strophenende auf die Tonart g-Moll zu (T. 26/27), wo dem weiblichen Ergebungsgedanken ein emotional besonderer Platz eingeräumt wird.

Bsp. 6

Diskutabel ist an dieser Stelle Chamissos Textvorlage „*selig nur und traurig sein*". Was meinte Chamisso und was vertonte Schumann? Meinte der Dichter schon vorab diese latent anklingende Melancholie Schumanns oder ist seine im Gedichtzyklus herausgestellte weibliche Zurücknahme vorgeprägter, abstrakter, modellhafter? Es ist durchaus sinnvoll anzunehmen, dass Chamissos Adjektiv „*traurig*" vielfältiger, weiträumiger verstanden werden muss als unser heutiges, eingrenzendes Wortverständnis uns glauben lässt.

Versucht man der Herkunft des Begriffs *trauern* oder *traurig sein* nachzuspüren[19], so lassen sich im Mittelhochdeutschen zwei Varianten feststellen: *trüren* und auch *traeren*. Althochdeutsch bedeutet *trüren* „die Augen niederschlagen", während die zweite Wortprägung *traeren* oder das daraus abgeleitete Adverb „*dreorig*" so etwas wie „trübsinnig" meint. Kann es nicht sein, dass Chamissos „*traurig*" also mehr in Richtung Ergebenheit, Demut verstanden werden will, indem es sich stark am Gemütszustand des mittelhochdeutschen *trüren* – „die Augen niederschlagen" – orientiert?

Wie dem auch sei, ist für uns heutige Interpreten Vorsicht geboten, unsere Deutungen von Sprache vollinhaltlich auf das frühe 19. Jahrhundert zu übertragen! Es mag auch ein Grund für die missverständliche Wortwahl sein, dass Sprachbegriffe aus dem Französischen, der Muttersprache des Dichters, in der deutschen Übersetzung leicht oder merkbar changieren, so wie das französische Synonym *triste* zur damaligen Zeit durchaus einen weiteren Wortbegriff umspannt haben mag.

Schumann greift jedenfalls den Charakter einer emotional „abgetönten" Demutshaltung, de facto *niedergeschlagener Augen* auf, ohne der Melancholie einen *aktiven* Ausschlag zu geben. Das wird eindrucksvoll vermittelt durch die chromatische Rückung (von *a'* nach *as'*), die ein Kadenzabgleiten nach g-Moll auffängt und mit der Dominant-Wirkung der zum Sekund-Akkord umgedeuteten *T* die 3. Wiederkehr des Kernthemas einleitet.

Diese Wiederkehr – dem vorausgegangenen Melos adäquat – trägt jedoch starke meditative, private Züge, was zum einen der sensibel hineingleitende Einstieg nach Es-Dur verursacht, besonders aber der nun chromatisch hinabsteigende Bass (!) bewirkt, welcher in den ersten beiden Strophen mit seinem stetigen Anstieg (!) eine Erwartungshaltung evozierte. In der Folge wird auch der beschwingte Rhythmus der melodischen Zellen „*holde Lippen, klares Auge*" in ein lineares Kontinuum überführt *(„darfst mich nied're Magd nicht kennen")*.

Schumann wiederholt die Schlusszeile dieser Strophe „*hoher Stern der Herrlichkeit*" zur Bekräftigung und kadenziert nun wirklich zum ersten Mal im Lied in die Grundtonart Es-Dur, die hier so etwas wie das mittlerweile gefestigte Selbstverständnis der Gefühlsbeteuerung unterstreicht. Bemerkenswert ist die Verlängerung der zunächst gleich bleibenden melodischen Phrase „*hoher Stern der Herrlichkeit*" (gemäß T. 7 – 9) um einen absinkenden Halbtonschritt *(d" – des"*, T. 36), wodurch dieser charakteristische Schritt spürbar mit der vormaligen Rückung „*traurig sein*", T. 27/28, zu korrespondieren scheint! Sogleich aber findet

---

19 nach Kluge: Etymologisches Wörterbuch der deutschen Sprache, 24.Auflage Berlin 2002, S. 926.

der in diesem Lied nicht neutralisierbare, emotionale Überschwang in der synkopisch angehängten Sept *(des")* im Klavier, rechte Hand, T. 38) den treibenden Anknüpfungspunkt.

Die neue melodische Erfindung (ab T. 39), die jedoch in Rhythmus und Melodieschritten stark an das Grundthema angelegt ist, moduliert nun in zwei Sequenzen hinein in völlig andere harmonische Regionen.

Bsp. 7

Die modulatorische Absicht dieser beiden, je achttaktigen Sequenzen gibt sich bereits in den öffnenden Septim-Sprüngen der Singstimme zu erkennen.

Nach dem grandiosen „Umweg" über Des-Dur *("deine Wahl")* wird zum Ende der 1. Sequenz die Tonart C-Dur erreicht *("viele tausend Mal",* T. 46), also ein Anstieg von drei Vorzeichen herbeigeführt. Das Gleiche geschieht in der harmonisch identisch verlaufenden 2. Sequenz, die im weiteren Anstieg nach A-Dur führt *("was liegt daran?",* T. 54). Dieses eigenwillige Durchwandern der harmonischen Regionen bis in die absolut gegensätzliche, aufgehellte Tonart A-Dur mag inhaltlich die adäquate musikalische Antwort auf Chamissos Gedichtaussage sein, auf die Ich-lose Hingabe der liebenden Frau, auf ihr tiefes Einverständnis, der womöglich *kühnen Lebensbahn* des geliebten Mannes willig zu folgen; und gleichsam auf ihr hingebungsvolles Geleit, welches sie, von Liebesglück bestimmt, trotz des Verzichts auf „Selbstverwirklichung"(?) in hellere Regionen des Lebens (A-Dur) trägt?

Die letzte Strophe des Liedes, welche Schumann an Chamissos Gedicht eigenwillig anhängt (!), bettet die durchlebte Empfindung des Unkalkulierbaren wieder in den emotional intakten Rahmen des musikalischen Themas und der Tonart Es-Dur ein. In demselben Maße, wie Schumann sich – über sechs Dominant-Sprünge – von der Tonart Es-Dur entfernt hatte, kehrt er über das allgegenwärtige Grundmotiv (dem Kopf des Gesangsthemas) – *D* für *D* – wieder zum Ausgangspunkt Es-Dur zurück, den er in T. 60 erreicht (*„wie so gut"*).

Der Schluss des Liedes (Schumanns angefügte Schlussstrophe und das Klavier-Nachspiel) enthält noch konträre, unerwartete Spannungsmomente. Die „Verherrlichung" des Mannes ist keine eindimensionale Angelegenheit; sie ist ein kraftvoll und konfliktbewusst herausgearbeitetes Bekenntnis zur weiblichen Hingabe und zum bejahten Lebensgrundriss ihrer bevorstehenden Partnerschaft.

Die letzten 4 Takte der Gesangslinie *„heller Sinn und frischer Mut, wie so milde, wie so gut!"* wirken nicht nur gesteigert durch die akribische Wiederholung des Liedsujets, sondern gelangen auch durch das sich aufstauende, gefühlvoll verbreiternde *ritardando* zu einem emotional reicheren, gleichsam rundum befriedigten Abschluss, zu einem gesprochenen „dixi": So soll es sein!

Das Klavier stimmt daraufhin aber keineswegs in die Darstellungsweise der liebenden Frau mit ein, sondern übersteigt – im wahrsten Sinne des Wortes bis *ges'''* – die Liebeseuphorie mit absolut ernsthafter, weiterführender Konsequenz. (Zu beachten ist das neuartige Liniengeflecht und die Chromatik!). Diese intensiv kurze, polyphone Andeutung kann man nur in etwa als willensstarke Bestätigung einer begeistert angenommenen „Lebensherausforderung" verstehen (vgl. die hochgezogenen Moll-Register in ihrer prägnanten kanonischen Verschränkung!)

Der harmonische Verlauf gewinnt schnell die Grundtonalität *Es-Dur* zurück (T. 59), und senkt sich Gefühlsgesättigt – als Geste aufopferungsbereiter Empathie – in einen beredten Schluss, welcher wie in vielen Bachschen Orgelwerken die letzte Spannung extrahierend, selbstbewusst abbricht und zum Nachsinnen anregt. Doch strahlt der letzte Haltepunkt des Dominantseptakkordes B-Dur (vorletzter Takt) eine absolut akribische Wirkung aus, da im „weiblichen" Prinzip des Kadenzgefälles (dominantischer Schwerpunkt) die ganz und gar „männlich" aufstrebende, chromatische Aufwärtsbewegung ein letztes Mal zur Geltung kommen will!

Bsp. 8

Die Bevorzugung der *weiblichen* Schlusswirkung scheint indes auch hier Schumanns Konzept zu entsprechen. Dieser Dominantseptakkord, unterhalb dessen der dissonante, vorgezogene Grundton *(es)* im Bass den musikalischen „Hafen" als Symbol der Geborgenheit liefert, ist ein Schlusstopos, den wir in einigen Liedern des Zyklus' vorfinden (so besonders gehäuft im 6. Lied *Süßer Freund*, T. 2 ff., und im 7. Lied *An meinem Herzen*, vorletzter Takt).

3. Lied
„Ich kann's nicht fassen, nicht glauben…"

(Mit Leidenschaft. ³/₈-Takt, Tonart c-Moll, 86 Takte)

Die melodischen Konturen zeigen auffällige Parallelen zur Melodik des 1. Liedes. Wie Kazuko Ozawa anhand einer frühen Skizze Schumanns zum 3. Lied bemerkt hat, hat der Komponist sehr wohl anfangs die kleine Sekunde *as'* (bei dem Wort „*fassen*") anvisiert, adäquat zum Sekundschritt *f' - g'* in T. 1 des 1. Liedes *Seit ich ihn gesehen,* und dann später verworfen.

Bsp. 9
(ursprüngliche Fassung)

Und auch hier folgt die Quarte als melodische Öffnung, parallel zur Grundphrase des 1. Liedes. Die Ähnlichkeiten im Melodiebau sind also nicht zu übersehen. Der exponierte Terzzug abwärts, „*seh' ich ihn allein*" (1. Lied, T. 6/7), findet sogleich seine Entsprechung im melodischen Segment „*hat ein Traum mich berückt*" (T. 5-7) und, - hat auch der kantable Melodiebogen des 1. Liedes „*wie im wachen Traume*" vom Charakter her im diffus und chaotisch wirkenden 3. Lied keinen Platz -, klingt doch der nachfolgende melodische „Spagat" „*taucht aus tiefstem Dunkel*" in der Wendung „*wie hätt' er doch unter Allen…*" unvermittelt an.

In die intime Traumsphäre des 3. Liedes (T. 18 - 23) scheinen sogar dieselben Töne des Beginns *("seit ich ihn gesehen, glaub ich, blind",* das sind: *f',│g' b', g', f'* - mit Worten: „*habe gesprochen: …bin auf ewig dein*") aus dem „Unbewussten" aufzusteigen. Und wie bereits erwähnt, findet auch diese zum Abschluss drängende Passage *("es kann ja nimmer so sein!")* ihre Entsprechung im absteigenden *Terzzug,* dem *Submotiv* (1. Lied T. 6/7), welches hier wie dort der Phrase – und auch dem gesamten Lied – seinen musikalischen Stempel aufdrückt!

Das 15 Takte (!) umfassende Thema (T. 1 - 15) wird nach dem freieren, sich vorantastenden Mittelteil in die Dur-Sequenz überstellt (Es-Dur, T. 37 - 51), in der sich die Verwirrte überschwänglich dem Sterben und dem Tod verschreibt.

Doch mutieren die letzten vier Takte unerwartet zu einer Aussage, in welcher die Emotion zu den Worten „*in Tränen unendlicher Lust*" ungebremst einbricht (mittels der tief alterierten Vorhalts-^{D}D im *Adagio*), und erzeugen damit ein rhythmisch denkbar angespanntes Anorganikum, indem die sonst diffus, teils Ton absorbiert, teils eruptiv herausdringenden syllabischen Tongruppen des Liedes sich mit einem Mal in einer gleichmäßigen, zum Zerreißen gespannten *linearen Streckung* zusammenschließen! Der Grundgelegte musikalische Charakter des Liedes umschreibt ja ein Fliehen, ein Fortgezogen werden. Hier aber bricht eine emotionale Wendung ins Lied ein, mit der dies insistierende Haften, übergeordnet das entschlossene Durchleben eines unbändigen Leidenswillens – Ton für Ton – zu einer personell erstarkten Gegenkraft gegenüber der fluktuierenden Form wird:

Bsp.10

Der abschließende c-Moll-Quartsextakkord im Klavier (T. 51, „*a tempo*") charakterisiert den einstweiligen seelischen Absturz –, um innervationslos (!) die in Ton-Armut erzitternde Musik der Eingangsstrophe – entgegen Chamissos Verlauf (!) – erneut anzuhängen. Und das ist mehr als ein Wiederaufgreifen oder gar eine gedanklich formale Konstruktion; es ist die im Verborgenen latente Abrufbarkeit der stets existenten, aufgewühlten Stimmung, welcher die Zerrissene ausgeliefert ist. Zudem erzeugt Schumann so den Eindruck des Unveränderbaren, des in sich gefangen Seins, was der musikalischen Ausdrucksgestalt gegenüber dem Gedicht eine darüber hinaus waltende *Zeitempfindung* verleiht.

Doch das Ansinnen des Komponisten geht noch weiter! Das Klavier suggeriert ein *Nachspiel*, welches sich aber als ein erneutes *Zwischenspiel* herausstellt! Das hier verwendete melodische Material „tarnt sich" als Metamorphose des Beginns, doch bildet es vorausblickend ein Motiv aus, welches dem 5. Lied *Helft mir, ihr Schwestern* ebenso in Abwandlung zugrunde gelegt werden wird!

Die Lieder im Einzelnen 83

Bsp. 11a

Die sich intervallisch öffnende, sich steigernde melodische Linie des Klaviers verzahnt sich mit der nochmals im Gesang anhebenden Phrase „*ich kann's nicht fassen, nicht glauben*" – auch hier der Gedanke der Ausweglosigkeit, der Unentrinnbarkeit –, um einen letzten, im „gemarterten Kopf" schwirrenden Klang-Höhepunkt zu exponieren (den Septakkord der 2. Stufe von c-Moll – oder die *s* f-Moll mit „hochalterierter" Sext im Bass, *d)*. Über den Vorhalts-Quartsextakkord – (T. 81, mit den gleichen Tönen [!] wie die der zuvor hineinfahrenden $^D{}_D$ im *Adagio* des T. 49) – wird die Spannung sukzessiv aufgelöst und die Kadenz langsam in die Ruhe überführt. Doch schlägt mit dem Wort „*berückt*" nochmals die quälende, stets latente Verstörung durch, quasi der internalisierte Schmerz der herrschenden „Bewusstseinsbeeinträchtigung" (in Form der Ausweichharmonie des labilen *s*-Sextakkords f-Moll mit Vorhalt), eine Art beißenden Trugschlusses, so dass nach dem folgenden, chromatisch absteigenden Quartzug erst äußerst spät, eigentlich ganz unvorhergesehen – einer unerwarteten Klärung gleich, so, als falle es der verwirrten Frau „wie Schuppen von den Augen!" – sich ein heller C-Dur-Klang einstellt, der nun einen wohligen, Ruhevollen Abstieg, ein befreiendes Dreiklang-Signal (Tonvariante aus T. 79/80) in die tiefste Region nach sich zieht:

Bsp. 12

Diese mit einem Mal verblüffende, befreite Klarheit gibt dem Hörer Fragen auf. Aber diese sich aufdrängende Frage wird meistens nicht, nicht einmal von den Interpreten aufgegriffen, und deshalb auch nicht von den Hörern gestellt. Es kann sich hier beileibe nicht um eine konventionell abschließende Bassfigur handeln, stattdessen ist diese Figur dazu ersonnen, den ersehnten *Sicherheitsanker,* das wundervolle, neue Lebensgefühl und vielleicht schon eine neue *Lebensbasis* zu implizieren. Und in der Tat – was den wenigsten Interpreten bewusst ist – stellt diese Dreiklangsbrechung genau das Ende der Verlobungszeit und den Eintritt in die Ehe „in Aussicht", gemäß der letzten, in tiefer Gewissheit geäußerten Worte des 5. Liedes – im *deckungsgleichen* „Motiv" (!) – „*freudig scheidend aus eurer Schaar."*

Bsp. 13

Daraus lässt sich schließen, dass der „Abgesang" des 3. Liedes ein sprechend positiver, gar verheißungsvoller Ausklang sein muss, und nicht, wie in manchen Interpretationen zu hören, eine hilflos absteigende Alltagsfigur, ein indifferenter säuselnder C-Dur-Akkord!

Mit dem Klavier-Zwischenspiel und dieser Geste, also schon ab T. 68, bereitet das 3. Lied unauffällig und verschleiert die Sphäre des übernächsten, des 5. Liedes vor. Und aus diesen Bausteinen ist auch ungeachtet der Tonartbindungen zu entnehmen, wie stark das 1., 3. und 5. Lied mit einander korrespondieren.

4. Lied
„Du Ring an meinem Finger"

(„Innig", 4/4-Takt, Tonart Es-Dur, 44 Takte)

Ein tief beruhigter, doch noch leicht elegisch ausströmender Gesang kennzeichnet die neu erlangte Bewusstseinsstufe der Verlobten und veranlasst sie, freier und grundsätzlicher aus der Seele zu sprechen. Während die ersten beiden Gedichtstrophen die gegenwärtigen und zurückblickenden Gedanken spiegeln, richtet die 3. Gedichtstrophe wieder eine euphorische Willensbekundung – *„ich will ihm dienen..."* – auf ihr zukünftiges Leben, womit der Zyklus auch hierin thematisch an das 2. Lied *Er, der Herrlichste von allen* andockt.

Das 4. Lied ist mehr als nur ein lyrischer Gegenstand. Es ist ein bekenntnishaftes, persönliches Monument! Während in Chamissos gedanklichem Konzept die von ihm herausgearbeitete „traumhafte Berückung" des 3. Gedichts bereits den Boden für das 4. bereitet hat, tritt Schumanns positive Erlebniswelt des 4. Liedes recht unvermittelt zu Tage. Bei ihm stiftet lediglich die fein angedeutete Schluss-

Die Lieder im Einzelnen   85

wendung des 3. Liedes einen Einstieg in die zum Positiven geänderte Situation. Die im Gesamtgeschehen aktuelle Bedeutung dieses Liedes, seine neu erfüllte, seelische Basis und Befriedung des aufgewühlten Herzens liegen im Innern und sind wohl am ehesten durch seine Bassregistrierung, durch das beredte, polyphone Geflecht und den ernsten Tonfall des Liedes erfahrbar.

Robert Schumann verklammert wie so oft Anfangs- und Schlussteil im gleichen melodischen Gewand, indem er die Wiederholung der 1. Gedichtstrophe meist als Bestätigung oder Überhöhung der Liedaussage nutzt, wobei er kleine, entscheidende Veränderungen an Satz und Melos vornimmt. Hier nun wird der Klavierbass noch bedeutungsvoll modifiziert, (z. B. wird der tiefste Ton des Liedes, das *Kontra-Es* als „Grundierung" eingesetzt, T. 37), und der gestisch gesteigerte Abschluss der Gesangslinie mit doppeldominantisch geöffnetem Klaviersatz in die Grundtonart Es-Dur zurückgeführt. Da im gesamten Lied die Gesangslinien an den Strophenenden ständig von der *D* B-Dur aufgefangen werden (T. 8, T. 16, T. 24, T. 32), stellt sich hier nun in der endlich erreichten tonikalen Entspannung eine grundlegende Geste der *Erfüllung* ein.

Abgesehen vom speziellen Melodiebau dieses Liedes, in welchem ein zwei-maliger Quintfall im Themenkopf *(b' - es' und g' - c')* den Eindruck eines seelischen Basiserlebens zu charakterisieren scheint, fällt der *chromatische Durchgang* – welcher wohl eine Figur einer *submotivischen* Ebene sein dürfte? – unterhalb des Wortes „*Ringelein*" besonders auf (T. 3, beginnend auf der *Dp* g-Moll, hinabsteigend über den verminderten Septakkord der *D* B-Dur, T. 4), indem er so etwas wie ein kontemplatives bzw. bedeutungsvolles Nachsinnen über die Symbolik des Ringes übermittelt:

Bsp. 14

Wie so oft in Schumanns Liedern dient die „besondere" Tonart-Qualität As-Dur (*S* der Grundtonart Es-Dur) zu gefühlstiefer Ausdeutung! In T. 2 und 6 senkt sich die Melodie bedeutungsvoll in die Unterterz von Es-Dur *(c')* und gräbt sich in einen sonoren As-Dur-Klang ein, der – zweifelsfrei beabsichtigt – „*Finger*" und „*Lippen*" zu veredeln trachtet. Der nächste, auffallende Einsatz der Tonart As-Dur ist die sensuell beschworene Traumregion früher Kindheit (T. 12 – 14), ein persönliches Eintauchen der Protagonistin in den Unschuldsraum ihrer einstigen Kindertraumwelt, aus romantisch verklärender Sicht des Komponisten wie wohl auch des Dichters.

Bsp. 15

Plötzlich, (in T. 25), am Beginn der 4. Gedichtstrophe, wechselt Schumann zu pochenden Achtelrepetitionen im musikalischen Satz, wählt eine neue Gangart, eine akkordische Struktur und eine neue Taktgewichtung (quasi „alla breve" – von Schumann bezeichnet: „*nach und nach rascher*"). Nach der beschaulichen Rede sind wir wieder im euphorisierten Ton *aktuellen* Erlebens, im Jetzt angekommen. Den aus der 2. musikalischen Zwischenstrophe abgeleiteten, charakteristischen Sextfall (T. 9) löst er aus, und gelangt nun über einschneidende, harmonisch öffnende ZwD (T. 25, C-Dur und 26, D-Dur) nach g-Moll *(„ihm leben"!)*. Daran knüpfen weitere, Spannung anhäufende *ZwD* an, welche das Hauptportal F-Dur *(ZwD* zur *D* B-Dur) exponieren und die harmonische Farbextension dieses kleinen Liedes „restlos" ausschöpfen (T. 28, *„ganz"!)*. Womit der Komponist ja bereits die wieder „fällige" *D* B-Dur vorbereitet hätte (!), welche selbstverständlich, d.h. organisch den Eintritt in die abschließende, bei Chamisso und Schumann wiederholte Grundstrophe ermöglichen würde. Doch, vergegenwärtigt man sich diese (zu früh) erreichte harmonische Ruheposition, so wird man schnell gewahr, dass die auf die beschriebene Weise aufgebaute Erregung im Fall eines direkten Kadenzvorgangs keinesfalls hätte adäquat aufgefangen werden können. So bedient er sich erneut der Moll-„Tönung" von g-Moll (T. 30) und mit ihr einer changierenden Farbwirkung der Töne *a'* und *as'*, um die Vorstellungswelten menschlicher „*Verklärung*" zweifach (!) – persönlich abgeschieden (T. 30), sowie dem Partner liebevoll zugewandt (T. 31) – zu verdeutlichen und deren noch anhaltende, innere Bewegtheit für den fälligen Spannungsabbau zu nutzen.

Nach der vollkommenen Entspannung der Melodiestimme im Ganzschluss *es'* (T. 40) fügt Schumann ein kleines viertaktiges Nachspiel an, welches sich thematisch ebenso auf das Nebenmotiv T. 9 stützt. Aus der dortigen Repetition wächst nun die zusammenfassende Geste der Oktave heraus und leuchtet mit wiederholter Intensität (T. 41/42) nochmals die „selige" Tonart As-Dur aus. Diese verleiht dem im Lied greifbar exponierten Sextfall *(es" g')* eine darüber hinaus gesteigerte, emotionale Tiefe. Dabei bereiten der Sekundakkord Es-Dur und der Sextakkord As-Dur (dessen Mündungsakkord) in ihrer zweimalig ausholenden Pendelbewegung den Absprung vor, welcher den leuchtenden, vor allem aber innigen, Gefühls gesättigten Gipfelpunkt der $^D{}_D$ F-Dur exponiert (T. 43). Im Anklingen

Die Lieder im Einzelnen 87

dieser letzten, symbolisch anmutenden *ZwD* greift Schumann den Abgesang der Gesangslinie auf (den hinabsteigenden Quartzug aus T. 39/40) und lässt deren Erinnerung behutsam, gefühlvoll im Liedende ausschwingen.

5. Lied
„Helft mir, ihr Schwestern..."

(Ziemlich schnell, $^4/_4$-Takt, Tonart B-Dur, 52 Takte)

Dem Hörer des 5. Liedes kommt es so vor, als hätte er die am Beginn erklingende Melodie bereits gehört (?) Schumanns assoziative Vorgangsweise lässt uns in seinen stetigen „Neuschöpfungen" oft das Bekannte wieder entdecken. So ist es auch mit der Eingangsphrase „*Helft mir, ihr Schwestern, freundlich mich schmücken*" (T. 3/4), welche sowohl auf den Beginn des Zyklus' (1. Lied, T. 2/3, „*Seit ich ihn gesehen*") wie auch auf das 3. Lied (vornehmlich das Klavier-Zwischenspiel, T. 68 – 78) zurückgreift! Der geistige Bezug liegt auf der Hand: *Dieselbe* Person, charakterisiert durch *dieselben* melodischen Bausteine, erfährt im Fortgang der Lieder eine entscheidende Veränderung ihrer Lebenssituation. Der Umstand einer möglichen „Verkennung" liegt wahrscheinlich an der neuen *Inszenierung* des bereits vorhandenen melodischen Materials – durch den veränderten Rhythmus, die harmonisch-motorische Achtelumspielung, die neue Tonalität B-Dur etc. –, welches unsere Protagonistin in ihrer euphorisierten Hochstimmung kaum oder nur bedingt wiedererkennen lässt.

Bsp. 16

Dabei ist auch das motorische Begleitraster von Schumann fein kalkuliert (!) und sollte nicht vorschnell – wie in einigen Liedbesprechungen zu lesen ist – mit der temperamentvollen Klavierbegleitung des Liedes *Widmung*, dem 1. Lied der Liederfolge *Myrthen*, op. 25, gleichgesetzt werden! Die zeitnahe Entstehung beider Liederfolgen berechtigt keineswegs zu dieser Schlussfolgerung.

Bsp. 17

Während es sich beim 5. Lied *Helft mir, ihr Schwestern...* um ein Bewegungskonzept Schumanns handelt, welches am tonikalen Grund verankert ist (augenfällig durch den beginnenden Vorschlag im Bass, Stichnote *b* zur Takt-Eins, des Weiteren durch die Bogenform, die gleichsam symmetrisch den Viertakt ausfüllt, also ein „choreographisch" stabiles Grundmuster exponiert), ist die Begleitung des Liedes *Widmung* als Entwicklungsgeste konzipiert, welche die beseelte Aufschwungsfigur in die Mitte des Dreiertaktes zieht (!) und dort in den repetierenden Tönen *c"- c"* kulminieren lässt. Das deutet auf einen völlig anderen, sich lösenden Bewegungsschub *(cresc.)* hin, der nicht, wie hier, einen *gemessenen*, nicht weniger euphorischen Tanzcharakter zu Grunde legt, sondern einer entfesselten seelischen Leidenschaft Bahn bricht.

In unserem 5. Lied, der großartig ausbalancierten Symmetrieachse des Liederzyklus', ist „Entfesselung" nicht angebracht. Schumann schreibt als Tempoanweisung *„Ziemlich schnell",* was nach dem Sprachgebrauch des frühen 19. Jahrhunderts immer noch bedeutet: Eben so schnell, *wie es sich geziemt!*

Die Lieder im Einzelnen 89

Ohnedies wäre keiner Interpretin damit gedient, die schwierig zu handhabende, Konsonantenreiche Artikulation derart in einander zu pressen, dass die Intonation und die Freiheit des Ausdrucks zwangsläufig stark beeinträchtigt werden würden!

Nach zweitaktigem Klavier-Vorspiel hebt nun der Vordersatz der viertaktigen Gesangsphrase an und erfährt einen schwachen („weiblichen") Halbschluss (in T. 6). Der darauf folgende viertaktige Nachsatz kadenziert eindrücklich in die Dominanttonart F-Dur. Schumann kleidet jeweils die Doppelstrophen des Gedichts in achttaktige musikalische Perioden. Ab T. 11 fährt er mit der Bauweise fort, nur dass der viertaktige „Nachsatz" als Sequenz in der Oberquarte erscheint. Der enorme Steigerungseffekt resultiert nicht nur aus der neu gewonnenen Höhenlage, sondern wird auch durch die Stringenz der Dominantseptakkorde hervorgerufen, in welche die Eingangsakkorde am Beginn der Phrasen umgestaltet bzw. bewegungsmäßig modifiziert werden (T.11 in den F^7 und T. 15 in den B^7). Diese erwirken gerade in der *Klavierbegleitung* einen Strebecharakter. Energetisch weiter verfolgt wird dieser Entwicklungsgedanke besonders auf der „tenoralen" Ebene (Klavier, linke Hand, T. 13/14 und T. 17/18); im ersten Fall durch ostinate Viertel-Synkopen auf *f'*; im zweiten durch die von der *S* Es-Dur zur *D* F-Dur chromatisch aufsteigenden Linie, welche sich hierzu einer zweitaktigen Viertelfolge in gleichmäßig schreitender Gangart bedient. Die musikalische Aussage unterhalb den Worten „*ungeduldig den heutigen Tag*" wird dadurch – und natürlich durch die starke Wirkung der leuchtenden *S* sowie die bis zum *g"* hinaufgezogene Gesangslinie – zum prägenden Höhepunkt der ersten Liedhälfte.

Die daran anknüpfende Wiederholung des *a*-Teiles, die 3. Gedichtstrophe, rundet die erste Liedhälfte zu einer „dreiteiligen Liedform", die jedoch abseits der harmonischen Grundregeln keine tonikalen Schlüsse aufweist (!), sondern an den jeweiligen Phrasenenden offen in der Dominanttonart (F-Dur) schließt. Selbst das Ende dieses dreiteiligen Themenbaus, welches die wesentliche Zäsur zwischen den beiden, gleich langen Liedhälften (26 zu 26 Takten) markiert, erfährt *keinen* Tonika-Schluss! Das Motto lautet „Erwartung", gepaart mit freudiger, vibrierender Anspannung, und dabei kann es kein Verweilen, kein Ausruhen geben.

Der kurze, achttaktige *c*-Teil erinnert in seiner Satzart an das 2. Lied *Er, der Herrlichste von Allen* und ist doch ganz aus dem Material des Hauptthemas – mit seinen charakteristischen Intervallsprüngen – entwickelt. Hier löst sich die Harmonik für kurze Zeit aus der nächstgelegenen Kadenzregion und streift sogar Tonalitäten wie C-Dur und A-Dur (T. 32, „*lass mich in Demuth*"). In der Singstimme tragen die Quint- und Sextansprünge ihrerseits zu einer kurzen, nichts weniger exaltierten Steigerung bei, um abschließend auf der strahlenden Dominanttonart F-Dur aufzusetzen und der Singstimme ein glanzvolles *f"* als hochgelegen

„Orgelpunkt" zu entlocken. Diese Überleitung in den fünften Liedteil bildet den Kulminationspunkt des Liedes.

Nun erscheint nicht die vollständige Wiederkehr des *a*-Teils, vielmehr wird der Periodennachsatz unerwartet abgeändert (T.41/42). Der neapolitanische Sextakkord (bezogen auf die Dominante F-Dur) – in Verbindung mit der Anweisung *ritardando* – taucht die ersten beiden Takte des Periodennachsatzes in ein befremdendes Licht. Das Räderwerk der Bewegung stoppt. Es ist der „Seitengedanke", – in seiner harmonischen wie geistigen Bedeutung! –, welcher die Verzichtleistung der Braut für ein höheres Glück benennt, ein berührender, emotionaler Moment, den Schumann besonders durch die chromatische Schrittfolge *ges', f', e'* heraushebt. Die hier wieder erscheinende *Submotivik* hat ihren Ursprung im diatonischen Drei-Ton-Schritt, gewonnen in T. 5 *(d", c", b"* – „*dient der*") oder auch T. 6 (aus der Tonfolge *a', g', f'* – „*heute mir*"). Im Kapitel *Erweiterte Motivik* wurde Schumanns vielfache kompositorische Vorgangsweise besprochen, in einem Werk den *Drei-Ton-Schritt* chromatisch zu verengen, um ihn daraufhin meistens wieder in die diatonisch klare Grundform zurückzuführen (siehe Bsp. i/j, S. 70). Genau das ereignet sich hier, wenn die Drei-Ton-*Chromatik* (des T. 42) in die reine, aufgeklarte Drei-Ton-*Diatonik* (T. 44) – mit der erstmaligen Schlussabsenkung in die Tonika B-Dur des Liedes überhaupt (!) – transformiert wird.

Bsp. 18a

Bsp. 18b

Diese so gewonnen Töne des Taktes 44 schwingen auch bedeutungsvoll – als Zeichen eines bejahenden Aufbruchs – im Nachspiel des Klaviers aus (T. 48, 51 und 52).

Die eigenwillige Wiederholung der letzten Gedichtzeile „*freudig scheidend aus eurer Schaar*", welche Schumann, durchaus unerwartet mit „*pp*" überschreibt, ist „von daher" – man denke an den Dreiklang-Abstieg am Ende des 3. Liedes! – die Reminiszenz der Braut an ihr erstes Liebesglück, an ihre erste Liebesgewissheit. Demzufolge zieht sich die euphorische Grundstimmung des Liedes auch in den abgetönten, von innerer Freude erfüllten, privaten Bereich zurück und lässt dem Klavierpart mit seinem angedeuteten „Brautzug" (Bsp.c, S. 52) das intime Schlusswort.

Die Lieder im Einzelnen

Wie man am Taktschema bzw. am Ambitus des Liedes erraten kann, dass eine von Schumann angedachte *Symmetrie* des Liedes auf ein sechstaktiges Nachspiel hinauslaufen muss, in demselben Maße ist auch die ausleitende Gesangsphrase „*freudig scheidend aus eurer Schaar*" darauf angelegt, zusammen mit dem angefügten Klavier-Epilog als eine Brücke oder *Symmetrieachse* zwischen den Liedern Nr. 1, Nr. 3, Nr. 7 und Nr. 9 wahrgenommen zu werden! *(Multiple Formen symmetrischer Entsprechungen* werden auf den S. 61 – 66 ausgeführt.) Im 1. Lied wurde die Singstimme am Schluss in fahles Licht getaucht, quasi ausgeblendet, wodurch dem *Klavier* ein kurzer Epilog überlassen wurde. Im 3. Lied besitzen auch die abschließenden Tonschritte im *Klavier* die richtungsweisende Botschaft der kommenden, sich erfüllenden Liebe! Der so benannte Dreiklang-Abstieg (in C-Dur, T. 85/86) ist ja die gleiche, transponierte Phrase (B-Dur) gemäß der beiden Schlusstakte der Singstimme im 5. Lied. Das 7. Lied wiederum fügt auch nach dem kraftvollen Abgesang der Singstimme ein achttaktiges Nachspiel im *Klavier* an, – welches übrigens auch sehr exponiert die drei chromatischen Tonschritte durchläuft (Bsp. 18a und Bsp.j) -.Und schließlich ist es das „9. Lied", der Abgesang, mit welchem ausschließlich das *Klavier* eine eigens ausleitende „entleerte Liedstruktur" präsentiert. Natürlich besitzen auch die Lieder Nr. 2 und Nr. 4 Nachspiele, aber diese sind etwas weniger formbildend und im Kontext nicht derart verknüpft mit der zuvor hinabgezogenen Singstimme.

Inhaltlich wie musikalisch mehrere Ebenen gestaltend, ist die Symmetrieachse des 5. Liedes unverkennbar der Drehpunkt des Liederzyklus'. Bis dorthin gelangt der Entwicklungsprozess der Klärung, der Liebesgewissheit und der Verschmelzung. All das gipfelt symbolisch im „Brautmarsch". Von dort weg bewegen sich die Energien über eine kurze Phase des Glücks wieder hin zur introverten Privatsphäre der Protagonistin.

6. Lied
„Süßer Freund, du blickest mich verwundert an…"

(Langsam, mit innigem Ausdruck, ⁴/₄-Takt, Tonart G-Dur, 58 Takte)

Bsp. 19

Das Drei-Ton-Motiv, – welches eingehend besprochen wurde, hier aber in Umkehrung (!) auftritt –, öffnet auf erwartungsvolle Weise das 6. Lied. Man soll sich nicht täuschen lassen, auch wenn wir dieses Motiv insgesamt 8mal mit kleinen Abweichungen hören (!), dass das nicht nur ein Signum konzentrierter Liebesempfindung ist bzw. lediglich eine „zeitlose" Gefühlsebene umschreibt. Darüber hinaus ist dieses Gebilde von einer hoch konsistenten *Innenspannung*. Das Ziel der sich über die Doppeldominante ($_D$D) A-Dur energetisch aufladenden Dominante (D-Dur) ist der „weibliche" Schluss (!), das Zusammentreffen von Bassquinte auf der Tonika (G-Dur) und dem Dominantseptakkord auf derselben Taktzeit, gewissermaßen ein Verschmelzen der *männlichen* (Bass) und der *weiblichen* (Septakkord) Idiome. Schumann zielt also auf die Latenz dieses bedeutungsvollen, im Raum verweilenden Spannungsklangs, welcher auch mit seiner Zeitdauer von quasi einer *Ganzen Note* wie eine „kleine Ewigkeit" bestehen bleibt. In diese wohltuende, doch spannungserfüllte Ruhe hängt sich die Singstimme schwerelos ein. Da sie am Septakkord melodisch Anteil nimmt, genießt sie spürbar – in absolut entspannter, introvertierter Diktion – die sichere Geborgenheit der (männlichen) Bassquinte. Diese minuziös geschilderte Erwartung deutet ein gegenseitiges Erblicken an, gleich einem intimen, aber endlosen Augenkontakt, welcher dieses kleine unscheinbare Kadenzgeschehen zu einer Offenbarung tiefster seelischer Ruhe und Verbundenheit werden lässt!

Wenn dann die Sprache der liebenden Frau eher kognitiv aus der versunkenen Anrede herausfließt, tritt das Klavier mit der still wiederaufbereiteten Kadenz (*D* -*T*, T. 3 auf 3 und T. 4 auf 1) darunter in Stützfunktion zurück. So wird hier eine Phrase geboren, die einem großen Atemzug – aus lediglich 2 Kadenzfloskeln – gleicht, welcher seine Culminatio (Höhepunkt) in T. 3 bei dem Wort *„Freund"*

Die Lieder im Einzelnen   93

erfährt. Die beiden Phrasenhälften entspringen, wie wohl musikalisch intendiert, anfangs dem *Gefühlsimpuls* und dann, in der 2. Hälfte, dem *Mitteilungsimpuls*. In diesem äußerlich betrachteten „Stillstand" hält eine beidseitige, ($_{männlich}/^{weibliche}$) „Atmung", ein Komplementärprinzip von *Gefühlszuwendung* (erfahrbar in der harmonisch-melodischen Intensität des Klaviers)und der intimen *sprachlichen Anrede* (der syllabischen Diktion der Singstimme) den Hörer als Teilhaber an dieser *privaten* Szene gefangen. Wenn dann die Singstimme dem Prinzip der gedanklichen Entfaltung folgt und sich in T. 7 in die Eingangskadenz des Klavierparts einhängt, wird das erzählerische Element, die freie Rede der Frau vorrangig. Das Klavier – grob gesagt: das männliche Prinzip – ankert nicht im Zusammenschluss von *T* und *D* (T. 8, anders als in T. 2), sondern gibt den Raum für ihre Aussage frei (mittels des stellvertretenden D^7 auf G), wodurch die *T* selbst zum öffnenden Strebeklang wird. Diese leitet eine Modulation ein (wohl nach C-Dur?; nein, nach a-Moll, wie sich bald herausstellt), welche kurz und prägnant das Klima der *Tränen* spiegelt, sogleich aber – am Ende von T. 9 – entschlossen modulierend über die A-Dur zur Dominante D-Dur zurückgleitet:

Bsp. 20

Wie hier ein paar harmonische Grundvorgänge die zu charakterisierende Rede der Frau widerspiegeln, ist sublimste und fassbarste Ausdeutung der changierenden Emotionslagen durch den Komponisten.

Und wie verdichtet Schumann, Geheimnis umschwebend den komplementären Abschnitt dieses 3. Themenbteils (ab T. 20 „*will ins Ohr die flüstern alle meine Lust*") mit diskreter, aber unnachahmlicher, weiblich betörender Gestik!

Sodann hebt der Komponist das Klavier-Grundmotiv in zweimaliger Sequenz bedeutungsvoll auf ein Podest. Der vormalige Zielpunkt des Grundmotivs, die

Auflösung, in die sich Singstimme und Klavier eingehängt hatten (T. 3 auf 1, T. 6 auf 1, T.13 auf 1, T. 16 auf 1), tritt nicht mehr ein. Die kurze Fortspinnung stößt sich vom Spannungsklang ($^D/_T$, T. 22 auf 1) zweimal ab und landet auf der zur D umgedeuteten T G-Dur (mit Sept). Diese *Ganze Note* des Terzquartakkords (der T G-Dur, T. 24) bläht sich gleichsam auf und wächst an zu einem geheimnisvoll innendynamischen, inkorporierten Eigenerleben. Durch diese Erwartungshaltung wird die Auflösung des Akkords durch die S C-Dur in etwa auf ein *neues* Gleis, eine neue, unverbrauchte Erzählebene gestellt. Jetzt, so fühlt der aufmerksame Hörer, kann noch etwas viel Privateres, Wesentlicheres in Szene gesetzt werden.

Im Betrachten des **Taktschemas** dieses 1. Liedteils (bis T. 24) erhellt sich die Dichte der gliedernden Formteile. Die Grundphrase besteht aus 1 + 3 Takten (Auftakt mit nachfolgendem Dreitakter, genannt *a*). In T. 4 verschränkt sich der Schlusstakt der 1. Zelle mit dem Auftakt der 2. Zelle, welche gleich gebaut ist (ebenfalls *a*). Dieselbe Überlappung tritt in T. 7 ein. Nun erfolgt die Fortspinnung vom Gesangsmelos und dem Klavier und prägt einen Viertakter mit Auftakt aus, genannt *b*). In T. 11 wiederholt sich der Überlappungsvorgang und zieht die annähernd tongetreue Wiederholung dieses 1. Formteils nach sich. Ab T. 22 folgen im kurzen Klavier-Zwischenspiel 2 weitere Takte mit Auftakt, die den 1. Teil des Liedes insgesamt mit 24 Takten abrunden.

Die Aufstellung der Formteile verdeutlicht dieses Bauprinzip des 1. Teils:

1+3 (a)
  1+3 (a)
    1+4 (b)
      1+3 (a)
        1+3 (a)
          1+4 (b)
            1+2 (c, Klavier-Zwischenspiel)

Da jeweils der Auftakt der neuen Phrase im Schlusstakt der voraufgehenden enthalten ist, ergibt sich eine 6-fache Überlappung der Takteinheiten. Obwohl in dieser Rhythmik die Einzelglieder irregulär zu einander stehen (4 Dreitakter mit Auftakt, 2 Viertakter mit Auftakt und die Klavier-Fortspinnung 1 Zweitakter mit Auftakt), folgt dieser Liedteil einem unsichtbaren Proporzdenken von 24 Takten, d. h. 3 mal 8 Takten. Erkennt man im konstanten Grundtempo wie im einheitlichen Klima des Beginns des 2. Teils (bis hin zur Anweisung „*Lebhafter*") den weiter wirkenden formalen Zusammenhang, dann zählt der Mittelteil mit der folgenden 8-taktigen Phrase dazu, die das *Taktschema* (des beibehaltenen Grundpulses) auf *32 Takte* (4 mal 8 Takte) rundet. Solche „äquilibristischen" Taktschemen, deren Einzelglieder die ruhevoll ausbalancierte

Die Lieder im Einzelnen 95

Gesamtdisposition eines Abschnitts in seiner Infrastruktur derart verstellen bzw. kaum durchscheinen lassen, sind bei Schumann sowie bei Schubert nicht selten!

Im 2. **Teil des Liedes**, oberhalb des feinen Achtelbewegungsrasters von behutsam ansteigenden Terzen, versehen mit diskreten (männlichen) Kommentaren im Klavierbass, erzählt uns die Protagonistin etwas Wesentliches aus ihrem Innersten, jetzt, da sie sich der tiefen Empathie ihres Geliebten sicher ist.

Der Gesang bedient sich dabei der Intervall-Keimzelle, der *aufsteigenden Quarte*, welche das 1. und das 3. Lied entscheidend geprägt hatte. Gleich einem empathischen Zwiegespräch dialogisiert ein alternierendes Klaviermotiv diese Schrittfolge in der Gegenrichtung (T. 26/27 und 28 – 30). In T. 29 auf 3 prägt der dreistimmig angelegte Klaviersatz mit einem Mal bedeutungsvoll einen vierstimmigen Akkord aus, welcher einen doppelten Vorhalt *(h'/d")* zum Sextakkord C-Dur bildet. Diese Harmonie, die „im Vorübergehen" dem Wörtchen „nicht" eine emotional schillernde, unbeschreibliche Intensität verleiht, mag für die dargebrachte Gefühlstiefe, diese wahrhaftige *hic et nunc*-Situation stehen, die Schumann hierin einfängt; ähnlich die Wirkung bei den Worten „*geliebter Mann*" (T. 31 auf 3), während der nun durchgehend vierstimmige Satz die innig aufsteigende Melodie im Bassdurchgang kontrapunktiert.

Dieses Seelenbekenntnis sowie ein spürbares Verlangen nach Hingabe entfacht ein leidenschaftliches Miteinander im Folgenden *(„Lebhafter")!* – Und man sollte sich als Klavierpartner(in) bitte nicht scheuen, eine seelisch entschlossene, mit einem Mal *handelnde* musikalische Aktion zu starten, welche sogleich die beiden Liebenden in ihrem beflügelten Zustand charakterisiert (!):

Bsp. 21

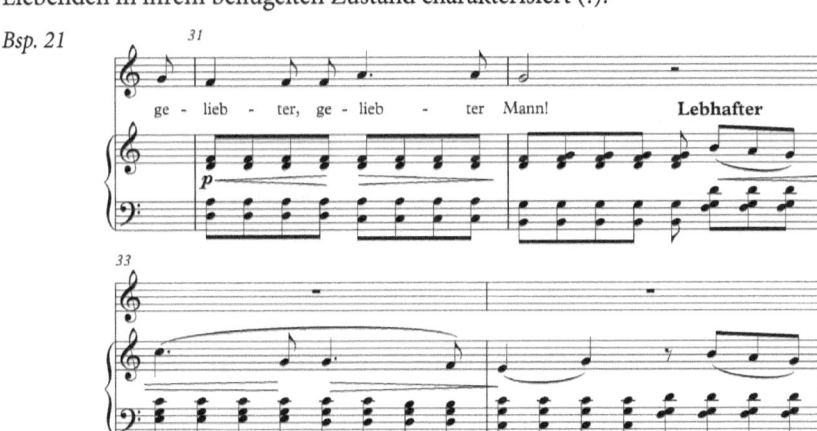

Der zuvor aus „weichherzigem" Gefühl geborene Quartanstieg *("Weißt du nun...",* T. 25 auf 3) verwandelt sich in den Aktionsgeladenen, bejahenden Liebesfunken (Klaviersatz T. 33 auf 1 und Singstimme T. 35 auf 1), der „beherzt" aufspringt, und im folgenden gemeinsamen Anstieg, demjenigen der Singstimme und dem des Klaviersatzes, geradezu eine körperliche Vereinigung simuliert! Die Intensität dieses gemeinsamen Höhenfluges wird auch durch die mutigen Dissonanzen des Klaviersatzes vorangetrieben. Der angedeutete „Liebesakt", aufgrund welchem Schumann die Worte *„fest und fester"* als Mittel äußerster Steigerung an den Strophenschluss anhängt, wird auch dadurch kenntlich gemacht, dass er sich bei diesen Worten des erörterten Drei-Ton-Motivs d'', c'', h' bedient, welches das untrügliche Signum der Liebesleidenschaft in sich trägt. Mit der so einhergehenden „harmonischen Erschütterung" (im Besonderen der Alteration in T. 42 auf 3 und dem nachfolgenden, Spannungsgeladenen verminderten Septakkord auf 4) gerät der logische Klangfluss derart aus dem Gleis, dass sich die beiden, „der Realität enthobenen Liebenden" mit einem Mal in E-Dur, dem Tonika-Gegenklang von C-Dur, befinden. Der in den Kreuzbereich „enthobene" Verlauf steht auch für das Umbiegen einer erwarteten harmonischen Logik und deshalb für eine sich eigengesetzlich verselbständigende Leidenschaft!

Um von E-Dur aus in chromatischer Abstufung die *D* D-Dur anzuvisieren bzw. als Drehpunkt zu nutzen, wird der Nachklang dieser Szene (T. 43/44) zum Vorklang, durch den Schumann absolut nahtlos, in selbiger Lage, den **3. Teil** des Liedes eröffnet. Dieses gleiche Material wirkt nur durch seine neu gewonnene Ruhe, – nachdem derart menschlich Tiefgreifendes durchlebt wurde! –, filigran und feinsinnig aufmerkend. Und es ist nicht von ungefähr, dass bei erneuter musikalischer Initiation des Hauptmotivs die Auflösung (Endung) bzw. der Schwerpunkt auf der 1 des T. 46 das Wort *„meinem"* kennzeichnet, das Wörtchen eines stolzen, mütterlichen Besitzgefühls, welches das gesamte kommende Lied *An meinem Herzen* erfüllen wird!

In Anlehnung an die Bar-Form (Stollen – Stollen – Abgesang) erstellt nun der Komponist proportional zum 1. Liedteil die Hälfte dessen (Abgesang), weitet aber das Klavier-Nachspiel mit einer wundervollen, spontanen Momentaufnahme (T. 54 – 58, Auftakt + Viertakter) zu einem Schlussteil, welcher dadurch die Barform eben *nicht verkürzend* abschließt, sondern zukunftsweisend auf das 7. Lied *An meinem Herzen* vorauswirkt. Die schon von Adelbert von Chamisso vorgegebene Schilderung einer Liebesextase und der daraus folgenden Schwangerschaft wird durch Schumann vertieft, indem er diesem Vorgang dynamisches, geradezu reales Leben einhaucht. Aufgrund dessen dienen diese Formteile – der 2. und der 3. Liedteil – als eine Art Folie gelebter Liebe.

Wünschenswert wäre, dass diese seelisch inkorporierten Anteile von Interpreten und Hörern auch als solche ausgewertet werden. Dem anhängig ist auch die im gesamten Liedverlauf spürbare reale Lebendigkeit der Liebesszene, welche in den Randteilen des Liedes trotz größtmöglicher Ruhe einer *rezitativischen*, natürlichen Fluktuation bedarf.

Das Nachspiel setzt sich aus zwei Anstiegen des Grundmotivs zusammen, ähnlich T. 21–23, nur dass in T. 56 ein verminderter Septakkord (zu a-Moll tendierend) auf der vorverlegten Bass-Terz *c* einen passionierten, Gefühlsambivalenten Spannungsklang erzeugt. Dieser von Schumann eigens akzentuierte Akkord – mit leicht pathetischem Einschlag – verliert im linear und harmonisch sich lösenden Fortgang sein Spannungsmonopol bzw. seine elegisch herbe Strahlkraft und gibt sich im Nachhinein als Schaltstelle einer Modulation zum Quartsextakkord der T G-Dur zu erkennen (T. 57 auf 1, ab hier als „*Adagio*" bezeichnet):

Bsp. 22

Dem schillernden Drehpunkt (dem verminderten Vorhalts-Septakkord zu a-Moll, T. 56 auf 1), der plötzlich den Stellenwert eines „erratischen" Naturereignisses anzunehmen scheint, folgt im *Adagio*, T. 57 auf 2, nochmals ein ähnlicher verminderter Septakkord mit vorausgenommenem Bassgrundton. Doch seine doppeldominantische Funktion, seine sich klanglich behutsam herausschälende Gestalt ist die musikalische Konnotation zum *Geheimnis*, die ganz und gar menschliche Reaktion und das ehrfürchtige Staunen: ein still herbeigeführtes Erkennen der intimsten Spiegelung zwischen Vater und Kind *(„dein Bildniss")*.

Diese letzten 4 Takte (mit Auftakt) des Klavier-Nachspiels gehen den Weg realistischer Darstellungsweise weiter, indem sie den jungen Vater – und mit ihm den Hörer (!) – geradezu anschicken, einen Blick in die Wiege zu tun. Die die Verzückung mit ihm teilende glückliche Mutter nimmt ihren Mann an die Hand, um ihm dieses hautnah, von Angesicht zu Angesicht wahrzunehmende Ereignis in seine Seele einzuprägen. Die fein gestaltete, gestische Episode ist vom Inbegriff des *Geheimnisses* geprägt, an welcher der Hörer direkten Anteil nehmen muss, weil Schumann ihn mit der hinausgezögerten Auflösung des Rätsels bis hin zum Schluss, zu der Wiederholung der hinzugefügten Worte „*dein Bildniss*" im Bann hält. Und damit entfernt sich Schumann weit von Chamisso, der seinem Gedicht wohl ein leichtes, gemütvolles Ende angedeihen lässt, aber nicht im Geringsten diese Symbolik des *Erblickens* in ein solch Glückhaftes Erlebnis, wenn auch in ein Genrebild, eingebettet hat. Und dadurch erhält das geistige Phänomen gegenseitigen Wahrnehmens, man könnte sagen: eines „Seelenabbilds der Augen" eine zweifache Bedeutung im Lied: Der suggestive, musikalisch hergestellte Augenkontakt zwischen den beiden Liebenden am *Liedbeginn* findet seine Entsprechung, vielleicht auch seine Erfüllung, in der Dreiheit, in der dreifachen gegenseitigen seelischen Wahrnehmung am *Liedende!*

Nirgendwo im Liederzyklus nimmt die Protagonistin den Geliebten so körperlich nah ins Geschehen hinein wie in diesem Lied *Süßer Freund*. Auch wenn es sich um eine herrlich offene, private Selbstdarstellung der liebenden Frau und Mutter handelt, so ist das Lied nichts weniger als eine Gefühlsapotheose an den geliebten Mann.

7. Lied
„An meinem Herzen, an meiner Brust..."

(Fröhlich, innig ⁶/₈-Takt, Tonart D-Dur, 41 Takte)

Das Taktschema teilt sich dem Hörer nicht sogleich mit. Durch die beiden beginnenden Akkordschläge im Klavier wird der ⁶/₈-Takt befestigt, aber durch die *Abschwächung* dieser Dominantsept-Akkorde („*f*" auf 1 – „*p*" auf 4) wird gleichzeitig eine rhythmische Pointierung umgangen. Infolge dessen hebt die Gesangslinie im *p* an, indem sie den zu erwartenden Schwerpunkt (auf der 1 des T. 2) negiert und nun mit der harmonischen Welle auf den T. 3, „*an meiner Brust*", zuläuft. Dadurch erwirkt Schumann insgesamt eine Verschleierung des Metrums, speziell eine spürbare Anhebung der leichten Nebensilbe „*an*" (T. 3) und lässt die zentralen Hauptsilben, welche die eigentlichen inhaltlichen und rhetorischen Stützpunkte darstellen („*Herzen*" / „*Brust*") im Fluss des Satzes, beinahe im „Vorüberfließen" ihre Wirkung kundtun!

Bsp. 23

Der harmonische Satz unterstreicht diese Absicht, – indem er wie erwähnt mit den Quintsextakkorden der Dominante A-Dur startet –, wie beiläufig die tonikalen Zentren (T. 2 auf 4 und T. 3 auf 4) in den fließenden Satz einbettet und die Takt-Schwerpunkte gleichsam entwertet. Der fliegende, eilende Charakter, welcher also eine festgefügte (vertikale) Schwerpunktempfindung ausschaltet, vermeidet etwaige, zu erwartende Interpunktionen, welche nach *„Brust",* *„Lust"*(!), *„Glück"* und *„zurück"* die jeweiligen Gedichtzeilen mit Zäsuren beschließen könnten. Nicht nur, dass Schumann ein motorisches Kontinuum (Sextolen) wählt, welches kein Anhalten zulässt, sondern seine harmonischen Öffnungen – zumeist hergestellt durch die unentwegte Verwendung von Sextakkorden – halten den Satz an den Zeilenenden stets in der Schwebe. Besonders deutlich wird das in T. 6, wo die harmonische Entwicklung auf die Dominante A-Dur abzielt, und wo beim Wort *„Liebe"* die *T* D-Dur selbst zur *S* (mit Sixte ajoutée, also + *h)* wird. Dieser in seiner Klang- und Bewegungsstruktur schillernde Akkord ist auch dem Wort *„Glück"* (am Ende der 3. Textzeile) zugehörig, welcher hiermit die sinnhafte Gleichung *„Liebe ist Glück"* unterstreicht und zudem die 3. und 4. Textzeile noch inhaltsbezogener an einander bindet.

Nicht genug, dass Schumann die Zäsuren zwischen den Zeilen völlig übergeht, sondern er lässt die gesamte Gedichtstrophe wiederum in den vorbereitenden Quintsextakkord der *D* hineinlaufen (T. 9) und vermeidet so den zu erwartenden, stabilen Abschluss mittels des Grundtons der *D* A-Dur. Es wird klar, dass die musikalische, dramaturgische Idee des Komponisten *auf den einen Guss* abzielt, und nicht nur Zeilenenden, sondern sogar Strophenenden nivelliert oder einebnet.

Der zu Beginn adäquate musikalische Satz der 2. Gedichtstrophe moduliert jedoch im Verlauf der 2. Gedichtzeile *("aber jetzt",* T. 13) zur *S* G-Dur, wodurch das „Klima" tonartbedingt nicht nur weicher und die Leittonhelligkeit *(cis)* der *T* D-Dur ausgeblendet wird, sondern die Singstimme hinunter, in tiefere Register absteigt. Ähnliche Veränderungen des Stimmtimbres in den Mezzo-Raum wurden schon im 4. Lied *Du Ring an meinem Finger* oder auch im 6. Lied *Süßer Freund* offenkundig, als ob Schumann musikalisch in die tiefe Körperlichkeit der Frau hineinzuleuchten beabsichtige. Darüber aber gewinnen die Klavierregister an Höhe und kristalliner Wirkung, so dass der Eindruck einer weiteren Steigerung dennoch gegeben ist.

Ab der 3. Zeile – *„nur die da säugt"* – tendiert der harmonische Duktus zur *Sp* e-Moll. Eben auf diesem Nebengleis angelangt, erreicht Schumann musikalisch ein wirkliches *„in der Luft hängen"*, indem er die Singstimme und die harmonische Basis mit einander hochzieht (T. 17, bei *„Nahrung giebt"*), um nun eine große, subjektiv erdachte Interpunktion zu verwirklichen, die *seinem* Ausdruckswillen, (nicht demjenigen Chamissos) entspringt und welche nicht zwingend vom Gedichtinhalt diktiert wird:

Bsp. 24

Indem Schumann die 4. Gedichtzeile der 2. Strophe aufstaut – *ritardando* (!) –, und den scheinbar bereits erreichten Sextakkord der *Sp* e-Moll mittels doppeldominantischer Überleitung (Quintsextakkord E-Dur) zur zwingenden Leitton-Empfindung umdeutet, – denn das *gis* im Klavierbass müsste ja ins *a* der fälligen Dominante A-Dur einmünden! –, schafft er eine „strukturelle Labilität" bzw. eine Fragesituation für den Hörer, welcher sich anschicken müsste, hier nach dem *warum?* oder *wieso?* zu fragen! Und natürlich wird der Hörer auf die folgende „1" des Taktes 18 gelenkt, welche wieder das Schwungrad anwirft: „<u>Nur</u> eine <u>Mut</u>ter *weiß allein*.." Das Bewegungsprinzip wird nun immer transparenter: Ein Schwerpunktbezogenes Lavieren jeweils zwischen der Takt-1 und Takt-4 soll den Hörer im Taumel gefangen halten.

Die von Beginn an in den dominantischen Bewegungsfiguren enthaltenen Septen treten nun gehäuft und rhythmisch gegliedert in den Vordergrund, um die harmonische Leittonspannung zu verschärfen. Jetzt (ab T. 18) pendelt der Bass mittels den Wechselharmonien A-Dur und D-Dur ausschließlich noch zwischen *g* und *fis* und bewirkt unweigerlich eine „Schlagzahlerhöhung". Die Singstimme steigt wieder in ihre Ausgangslage. Jedoch spürt man: die Bewegungseuphorie, der Taumel nimmt zu (eben gemäß Schumanns Anweisung: *Schneller*). Ihm scheint dabei egal zu sein, – oder er nimmt es bewusst in Kauf? –, dass die sensitive, denkwürdige Harmonie (mit der auf A-Dur bezogenen Subdominante D-Dur mit Sixte ajoutée, die die T. 6 und 7 prägende Harmonik!) nun einem gegensätzlichen, eher lakonischen Text unterlegt wird („*O, wie bedaur' ich doch den Mann, der Mutterglück nicht fühlen kann!*"). Und vielleicht wirkt der spielerische Umgang mit dieser edlen harmonischen Wendung in *der* Form auf den Hörer, dass er aus diesen Klängen den „unbändigen" Stolz der Mutter und obendrein ein Stück „Ausgelassenheit" heraushört? Zusätzlich wird die mütterliche Euphorie noch im Ausfallschritt der Singstimme (der Quinte *fis"„Mutterglück"*) eingefangen. Und ähnlich wie im T. 9 wird auch hier das Strophenende geöffnet (T. 25, 2. Hälfte) und ein Abschluss im Ganzschluss der ~~D~~ A-Dur vermieden.

Stattdessen verselbständigt sich das Gesangsmelos mehr und mehr, lässt keine kalkulierte, unterteilende 16tel-Begleitung im Klavier mehr zu, und hüpft, in emphatischer Weise in der Taumelbewegung der eigenen Tanzeuphorie gefangen, dem Schluss entgegen. Zu dieser Ausgelassenheit trägt der sinnfällige Umstand bei, dass Schumann die beiden Gedichtzeilen Chamissos vertauscht hat: „*du schauest mich an und lächelst dazu, du lieber, lieber Engel du!*" (Chamisso). Schumann will wahrscheinlich in den Hüpfrhythmus hineinlaufen und findet das Sprungbrett in den Wortwiederholungen der Anrede „*du lieber, lieber Engel du*".

Jetzt gewinnen die doppeldominantischen Zuspitzungen des Klaviersatzes (die Quintsextakkorde E-Dur in T. 30/ 31) noch verschärfendes Gewicht, indem sie (endlich) interessanterweise die 1 der T. 30/31, also deren Schwerpunktpositionen betonen und das Ich-(Besitz)-Gefühl der Mutter (gemäß der Akzente „*meinem Herzen*", m̲einer *Brust*") noch musikalisch über das Körperliche *(„Herz"* und *„Brust")* erheben!

Bsp. 25

Der Durchgangsakkord der *s* g-Moll (mit *Sixte ajoutée e'*), ausleitendes Achtel auf dem Wort „*Brust*" (T. 31 auf 6), erzeugt in diesem Zusammenhang einen leicht „pathetischen" Einschlag, gewissermaßen ein lust- wie leidvolles Herabsinken in die eigene Körperlichkeit, um daran nahtlos die jubelnde Schlusskadenz der Singstimme anzufügen.

Und diese 2½ Takte (ohne motorisches Bewegungsraster!) wirken so gemeißelt, so dass der Zuhörer sich fragt, woraus nach diesem unentwegten Jubel-Ton des Liedes sich noch eine derartige Überzeugungskraft und Deklamationsstärke rekrutiert? Zum Ersten sind es die absolut reduzierten, gegenüber dem vorauf gegangenen Teil *(„Du lieber, lieber Engel, du!")* rhythmisch ausgedünnten, auf Prägnanz abzielenden Klavierakkorde, auf denen die Singstimme freier agieren kann, zum Zweiten aber ist die Folge dieser Klavierakkorde gleichsam ein Extrakt der harmonischen Grundlage des Liedes:

Aus dem zuvor ständig anknüpfungsbereiten Dominantquintsextakkord A-Dur (T. 32) folgt auf dem 4. Schlag des Taktes die *T*-Auflösung, mit Sprung der Singstimme in den oberen Grundton *d"* (quasi parallel zur Folge in T. 10:

„hab überschwenglich.." und T. 12 „bin überglücklich..") Von größerem Gewicht als dieses Grundmodell jedoch ist der in T. 33 erreichte klangliche „Zentralwert", die in ausdrücklicher Form positionierte S G-Dur mit *Sixte ajoutée!* Diesen harmonischen Topos verwendete Schumann zum ersten Mal in diesem Lied bei der Stelle *„das Glück ist die Liebe"* (T. 6 auf 4) und bei *„Glück"* (T. 7 auf 4). Jetzt markiert dieser Euphorie besetzte Akkord das tiefe *Besitzgefühl* der liebenden Frau, genau in Chamissos Sinne, da sich ja das Wort *„mein"* hin zum Schluss des Gedichtes wieder häuft, nachdem es am Beginn bereits mit seiner Redseligkeit der ausgelassenen Freude den Weg gewiesen hatte. Aber wie entwicklungsträchtig ist Schumanns Modifikation von diesem Attribut *„mein",* so dass man sagen muss, dass die „Gefühlskurve" in diesem „himmelsstürmenden" Lied trotz früh erreichter Höhe immer noch weiter in einer dynamischen Steigerung begriffen ist.

Nachspiel:

Die *D* A-Dur, die meist als Quintsext- oder Sekundakkord auftrat, wird nun mit Arpeggio, Septen- und Sext-Vorhalten versehen (T. 35/37), um die Euphorie bis an die Grenzen des Möglichen zu steigern. Jeweils über dem doppeldominantischen, verminderten Quintsextakkord (T. 34/36) schwingt sich die enthusiastische Melodie zum expressiven Vorhalt *fis"* hinauf, um von dort hinabzugleiten und diesen jubelnden Vorgang nochmals einzuleiten (Bsp. 26).

> Dazu muss angemerkt werden, dass es zahlreiche Interpreten, ja eigentlich eine weit überwiegende Zahl (!) gibt, die Schumanns Anweisung *„Langsamer"* (T. 34) nicht befolgen. Sie lassen sich durch die enthusiastische motorische Struktur des Vorhergehenden mitreißen und sehen nicht, dass Schumann diesem Nachspiel eine verdichtende, vertiefende Dimension des Glücksgefühls (eben des *Besitzgefühls!*) mitgegeben hat! Nur so aber, in *stauender* Fokussierung, kommt die glutvolle, quasi Ich-berauschte Eigendrehung zur Geltung, wobei es gilt, die Geschmeidigkeit des *legato*-Gestus' trotz stärksten Nachdrucks nicht einzubüßen!

Bsp. 26

Vom Nonenakkord der *T* D-Dur (T. 38) fällt die abschließende Bewegung in die mit doppeltem Vorhalt ausgestattete *S* G-Dur (Quartsextakkord), wobei der Grundton *d* im Bass schon zielorientiert verankert wird. Die Auflösung der kompakten harmonischen Spannung, lediglich in Form eines Viertels (!), rundet auf persönliche Weise ab, was keines weiteren Kommentars mehr bedarf.

> Auch hier hört man oft ein unentschiedenes, (Pedal gehaltenes) Verharren auf dem Zielakkord, was der voraufgegangenen selbstbewussten Diktion nicht gerade gerecht wird. Denn weder eine vorausnehmende Aufweichung des Tempos und des Ausdrucks im Hinblick auf das 8. Lied, noch eine Aufgabe der exaltierten Hochstimmung des Liedes sind an dieser wesentlichen Schaltstelle des Liederzyklus' angebracht.

Verbleibt man in der intendierten positiven Spannung der Schlussakkorde auf dem erreichten Grat der Euphorie, dann erst kommt der bedeutungsvolle Bruch (!) zum d-Moll-Akkord des 8. Liedes zur Geltung und wirkt als Fiasko oder als Schicksalsschlag aus dem gerade noch pulsierenden Leben heraus, welcher die liebende Frau trifft – und uns alle irgendwie treffen sollte.

8. Lied
„Nun hast du mir den ersten Schmerz gethan…"

(Adagio,. 4/4-Takt, Tonart d-Moll, 22 Takte)

Die schneidenden, unerbittlichen Akkord-Akzente des Klaviers laden die Gesangsstimme zusätzlich auf, welche ihrerseits aber – unspektakulär und aus der Tiefe – gleichsam subversiv ihren verstörenden, syllabischen Tonfall entwickelt. Dabei fungiert der *sf* zu spielende Eingangsakkord als assoziative Bezugnahme in seiner kompromisslosen, harten Verkehrung des einfühlsamen Dreiklangs am Beginn des 6. Liedes *Süßer Freund*, ebenfalls aus der Tonart *d*. Wie hier aus dem intim-gefühlvollen D-Dur des *Süßen Freundes* ein schneidendes d-Moll entwickelt wird, ist weit mehr als ein Farbenspiel. Dieser Liedanfang schöpft aus einem archaischen Musikfundus, der über verschiedene musikgeschichtliche Stationen zurück bis zum herben, männlich ernsten Hexachord des Aulos der griechischen Musik verfolgbar ist. Große Symphonien (Beethovens 9.) und Orgelwerke (Bachs *Dorische Toccata*) oder Streichquartette (Schuberts *Der Tod und das Mädchen*) etc. haben diesen musikalischen Topos, den Quintfall *a - d,* bis in die Romantik und darüber hinaus transportiert.

Bsp. 27

Schumanns Vorgehen entspricht der etwas „trivialen", doch rhythmisch griffigen Kopfzeile Chamissos, indem er dessen Rhythmus aufgreift und ausbaut[20].

Denn der rezitativische Wortfluss ist genau angelegt! Noch prägnanter isoliert der Komponist den daktylischen Beginn als musikalischen Einbruch „*nún hast du*". Die Punktierungen in der Gesangslinie „*hast du mír*" und „*Schmerz gethán*" verfolgen ausdrucksstark die Trochäischen Akzente, welche nun aber in den natürlichen rezitativischen Wortfluss eingebunden erscheinen. Schon in der Wiederholung der ersten musikalischen Phrase „*du schläfst...*" spürt man, dass Schumann die Auftakte im Fortgang des Liedes ständig aufzuweichen beginnt, bis sie in absolute Kraftlosigkeit übergehen werden.

Eigenwillig ist die Aussparung des Basses in T. 1 und 2, da dieser aber dann umso mehr in T. 3 – auf dem leichteren Taktteil – einen dissoziativen, quasi vom Gesang unabhängigen Akzent unterschiebt und dadurch einen fatalistischen Klangwert stiftet. Die Aussage dreht sich förmlich „ausweglos" um sich selbst, vernäht in T. 4 ebenso den 2. Doppelvers *(„du schläfst...")* mit dem ersten, nur dass wir in der Singstimme bereits eine Aufweichung der Notenwerte (Eliminierung der Halben Noten) konstatieren. Das anschließende *sf* im Klavier, (verminderter Septakkord mit hartem, „beibehaltenem" Grundton, T. 7), ist nicht so stark zu spielen wie die voraufgehenden *f*-Oktaven im Bass! Es ist mehr der Schmerz als die Härte, welcher im Spannungsklang in den Raum hineinwirkt! Nicht unbedeutend ist Schumanns unterschiedliche Notation im T. 9: Sopran *fis'*, Klavier *ges'!* Während die Gesangsphrase der Traurigkeit anheimfällt, strebt der verminderte Septakkord der ^D_D folgerichtig aus *ges* einem Signal einzigartiger Bitterkeit entgegen (dem Quartsextakkord der vermollten *tP*, T. 10), indem er über das plagale es-Moll zum Quartsextakkord von b-Moll gelangt, welcher in diesem harmonischen Umfeld eine absolute Unvereinbarkeit oder „Brüchigkeit" an den (verlorenen) Tag legt. Allein daran kann man bereits erkennen: Die liebende

---

20 siehe die Gedichtbesprechung auf S. 39 f.

Die Lieder im Einzelnen 105

Frau ist derart aus der Lebensbahn geworfen, dass sie nicht mehr zurück in ein „lebbares" Leben finden wird!

Schumann zieht hier alle Register der Bitterkeit, um dieser Unversöhnlichkeit mit dem jetzigen, „*leeren*" Leben in der Klang- und Harmoniebrechung Gestalt zu verleihen. So wird der Komponist auch nicht mehr zur Grundtonart zurückkehren, lediglich ihre Klangnähe reminiszieren und letztlich in einen dunklen Dominant-Klang hinuntersteigen (T. 22), der aber seinerseits einer neuen D (F-Dur, T. 23) im „Übergangstakt" („*Adagio*") zum „9. Lied, mit entleerter Liedstruktur" weicht. Die Takte 11 – 22 umzeichnen eine absteigende Lebenskurve: Vom verminderten Septakkord (T. 11) folgt der harmonische Abstieg über den Raum von c-Moll hin zum g-Moll-Bereich, (ab T. 15), um in T. 20 das lethargisch umstreifte, monotone g-Moll als *s* mit ihrer *Sixte ajoutée* neu zu positionieren und zur abschließenden *D* A-Dur hinüber zu gleiten.

Gerade dieser Akkord (unterhalb „*da hab ich dich…*" Bsp. 28a) strahlt die größtmögliche Traurigkeit ab, da er uns – entfernt – an die euphorische Subdominante-Inszenierung (mit *Sixte ajoutée*) des voraufgehenden Liedes erinnert oder gemahnt („*das Glück ist die Liebe*"), und uns durch den Zusammenbruch einer einst positiv aufgeladenen Klangchiffre das krasseste Gegenteil im gleichen, aber tongeschlechtlich veränderten Gewand vor Augen führt:

Die ausklingende, oder besser: sich aushauchende Musik gelangt so zur dominantischen Öffnung (A-Dur), dem bedeutungsvollen Wort „Glück", T. 21, welches aber in der im melodischen Absinken geschwächten Geste nur einen introvertierten Gefühlswert erhält. Ein letztes Mal erhebt sich das *Drei-Ton-Motiv* in Umkehrung, also eigentlich die positive Gestalt, welche aus dem extensiven, herabsteigenden Drei-Ton-Motiv gewonnen wurde. So erinnern diese Töne „*du meine Welt*" auch wehmutsvoll an den jeweiligen, melodisch verwandten friedvollen Einstieg des Klaviers im 6. Lied *Süßer Freund!*

Welch' sinnvolle Klammer für ein verlorengegangenes, zentrales Stück Leben, das in nur drei Tönen (einem Halbton- und einem Ganztonschritt) zur musikalischen Metamorphose gerinnt und seinen friedvollen, hingebungswilligen Charakter (6. Lied) mit dem fragilen, „schwer atmenden" Drei-Ton-Anstieg des vielgestaltigen „Motivs" (8. Lied) vertauscht.

„9. Lied (ohne Worte)"

(„Tempo, wie das erste Lied", ohne Gesang, ³/₄-Takt, Tonart B-Dur, 21 Takte)

Es scheint etwas gewaltsam, wenn der Verfasser in T. 22 das Ende des 8. Liedes propagiert und – gemäß der Vorbesprechung – im Fortgang das „9. Lied" vom vorhergehenden absetzt. Jedoch gibt es viele Kriterien, die für diese Gewichtung und diese trennende Sicht sprechen.

Erstens haben wir es mit quasi zwei gleich langen Taktordnungen zu tun (22 Takte gegenüber 21 Takten, wobei nämlich der *Adagio*-Takt (T. 23) gewissermaßen *doppeltes* Gewicht hat und also die gleich langen Hälften ausbalanciert. Zweitens wechselt Schumann die Taktart, statt ⁴/₄ nun ³/₄, was nicht nur einen Schrittwechsel, sondern eine vom 8. Lied abgetrennte Schwingungseinheit und ein völlig neues Raumklima erzeugt. Drittens findet sich ab dem harmonischen Bruch des *Adagio*-Taktes (Dominantseptakkord F-Dur zur neuen Tonika B-Dur) eine *neue* Tonart, die nun übergeordnet den Rahmen des Liederzyklus' in den Hörraum stellt. Viertens spricht für Schumanns trennende Sicht, dass er nach dem versunkenen A-Dur-Klang in T. 22 keine Anstalten trifft, die Tonart F-Dur irgendwie vorzubereiten. Hier schlägt die Musik – entsprechend dem harmonischen Gefälle und der unvermittelten „Rückung" (A-Dur – F-Dur) – eine formale Schneise in das Gesamtgebilde, gleich einer zeitlichen Generalzäsur, welche auch die beiden Liedhälften im momentanen Erleben weit voneinander wegrückt. Fünftens: Nicht erwähnt werden muss natürlich der Wegfall der Singstimme, die eine emotionale Nähe, die aktuelle Ausdruckspräsenz und den Gegenwartsbezug des 1. Liedteils geprägt hat.

Die Lieder im Einzelnen

Ausschlaggebend für den Terminus „9. Lied" ist letzten Endes aber die *gleiche* Gewichtung der neun „Liedeinheiten" im zyklischen Rahmen! Der Abgesang spielt eine, wenn nicht *die* zentrale Rolle in der Abfolge der inhaltlich-musikalischen Stationen. Deshalb handelt es sich beim Abgesang auch nicht um ein „Lied ohne Worte", welches ein – nach dem Vorbild Mendelssohns – satztechnisch ausgearbeitetes Klavierstück sein müsste, sondern um eine *entleerte Liedstruktur (!)*, deren wesentliche Ingredienz das Fehlen des Gesangs darstellt.

Wir fanden in vielen Liedern des Zyklus' den von Schumann beabsichtigten *„hic et nunc"*-Effekt vor, von dem sich dieser Abgesang nun seinerseits durch die veränderte Situation meilenweit entfernt hat. Das nachgereichte „Lied" geht nämlich in ganz anderen Zeitdimensionen auf. Schumann suggeriert durch die Raumnahme des *erinnerten* Liedablaufs (der 1. Hälfte des Eingangsliedes *Seit ich ihn gesehen*) ein verflossenes Leben in eben diesen bekannten Stationen und bedient sich so nicht nur einer zeitlichen Rückblende, sondern eines gekannten und verlassenen Plafonds, der alle diese zuvor erlebten Empfindungen für eine neue geistige Bewertung bereitstellt. Denn kein Hörer kann damit rechnen, dass nach dieser „endgültigen" Aussage „*du, meine Welt*", der tragisch offenen Schlusswirkung des 8. Liedes (auf der *D* A-Dur), mit einem Mal eine Musik wie von Ferne in B-Dur anhebt. Die Assoziation des musikalischen Hörers kann nur sein, dass das Ereignis des Todes des Mannes sehr bald im Zuge des Zeitlaufs relativiert und ausgeblendet wird, damit es in einem höheren Sinnzusammenhang – eben im Sinne *einer* Grundempfindung, einer zyklisch eigengesetzlichen Rahmenproportion und einer übergeordneten Zeitqualität (!) – aufgeht. Und genau das ist ja auch Chamissos Absicht, der das ganze Geschehen aus einer weit gefassten zeitlichen Perspektive betrachtet.

Auf diesem Hintergrund des Dagewesenen und nun anders Fortwirkenden strahlt das B-Dur eine besondere Trauerqualität ab, die „Unfassbarkeit" des Lebenssinns vorführend, denn diese Dur-Tonart konfrontiert uns – wie so oft, bei Franz Schubert zum Beispiel – mit dem verlorenen, einst pulsierenden, positiv aufgeladenen Leben, von dem einzig die Sehnsucht noch geblieben ist, die sich aber in Erinnerungsschmerz verfangen hat. Nichts aber ist vom damaligen, beglückenden Geschehen mehr lebendig. (Der Terminus „Dur" entstammt dem lateinischen Wort *durus,a,um* = hart! Gerade dieses Vexierbild von Dur diente ja den romantischen Komponisten zur Darstellung von Lebenshärte und als ein Sinnbild [Hörsymbol] verlorenen Glücks.)

Dem entspricht in tragischer Weise auch die Lebenskonsequenz und die moralische Erwartungshaltung an die Hinterbliebene, was in dieser Zeit weitgehend als selbstverständlich erachtet wurde, – und ebenso die Vorstellungswelt Chamissos, in der die *Rückwärtsgewandtheit* der Protagonistin die einzig mögliche Lebensform darstelle, welche ihr Weiterleben von nun an zu bestimmen habe. Dahinter musste jede Absicht von aktiver Verwandlung oder Neuorientierung zurückbleiben. -

Umso mehr verdienen die kleinen variativen, melodischen und satztechnischen Veränderungen unsere Aufmerksamkeit, da der Komponist doch in das gleiche Material spürbar neue Gefühlselemente eingeschleust hat. Man könnte aus jeder melodischen Wendung dieses Abgesangs die auf diesem Hintergrund neu zu interpretierende Bedeutung einer *veränderten Wirkungsweise* offen legen, wie das folgende Beispiel zeigt:

Bsp. 29

Die Takte 6/7 des 1. Liedes „*seh' ich ihn allein*" oder parallel dazu T. 22/23 „*nicht begehr' ich mehr*" erscheinen wieder in den T. 29/30 des letzten „Liedes". Man kann in der veränderten Rhythmik dieser melodischen Folge den *Erinnerungsschmerz* geradezu heraushören, der ein vormaliges „Ausleben" der einstigen Ausdrucksgeste in *gestaute*, schmerzliche Wiederkehr verwandelt.

Und weil Schumann hier zweimal die Anweisung zu dynamischem Anwachsen *(cresc.)* gibt, sollte der Interpret diese Gefühlswallung auch dementsprechend „tonlich", d. h. emotional fassbar unterstützen.

Oder wie sinnvoll und unmittelbar berührt uns nun die aus dem Inneren vernehmbare Kantilene der Folgetakte (ab T. 32), welche im 1. Lied zu den Worten erklang: „*Möchte lieber weinen still im Kämmerlein*". Die Tränen, zusammen mit dem Rückzug in die Privatsphäre stellten sich damals am Beginn aus anderen Gründen ein. Nun erlangt dieses Verhalten eine neue Bedeutung, und zwar die des gefangen Seins, der Bitterkeit und Aussichtslosigkeit. Zuzüglich zum intimen Klang ohne Gesangsausdruck wünscht Schumann ein „*pp*" als Spielanweisung.

Die Lieder im Einzelnen 109

Bsp. 30

Für den Interpreten ist es leicht, aber auch für den Leser absolut vorstellbar, die im inneren Satzgefüge abgetönte Melodie nachzuempfinden und zu deuten. Auch im Eingangslied erklang diese Melodie verdeckt im Klaviersatz, doch war die Melodie von der Gesangslinie in Oktaven überlagert, so dass das Klavier sich nur klanglich an der subtil zu deklamierenden Phrase „*möchte lieber weinen still im Kämmerlein*" beteiligen konnte. Nun spiegelt allein das Melos in der gedämpften (Alt)-Lage des Klaviers, ohne aktive Wortdeutung, auf feinstoffliche Weise die Erinnerung wider, und es stellt sich ein psychologisches Spiel mit dem Hörer ein, der dem Eindruck anheimfallen könnte, er selbst sei ein zufälliger, beinahe unbefugter Mithörer dieser *ganz privaten*, nicht für die Öffentlichkeit bestimmten Empfindung! Schumann lässt den Hörer am Intimsten, Persönlichen teilhaben und durchdringt so den öffentlichen Raum mit unnachahmlicher seelischer Präsenz.

Als letztes Beispiel sei die Schlussgruppe herangezogen. Diese vier Takte, die im 1. Lied eine meditative Zelle der Verstörung oder Erschlaffung darstellten, wirken jetzt, nach dieser nach innen gekehrten Reminiszenz ganz anders: wohl eher wie ein sich auf das Ende hin verdünnender Lebensfaden, ein systematisches Stocken des Herzschlags, ein Absinken ins Nichts, in die Bedeutungslosigkeit, in das Nicht-mehr-leben. – Aber es bleibt doch im gesamten, sich entmaterialisierenden Abgesang der „Wohlklang" B-Dur wie von Ferne erhalten. Darin teilt sich auch die Bescheidung, die Demut und das stillste Einverständnis mit dem Sosein des Lebens mit. So will es der Komponist. Und so wollte es auch der Dichter Chamisso.

Die Texte des Gedichtzyklus' und des Liederzyklus'

| FRAUEN-LIEBE UND LEBEN | FRAUENLIEBE UND LEBEN |
| Adelbert von Chamisso | Robert Schumann |

1.
Seit ich ihn gesehen,
Glaub' ich blind zu sein;
Wo ich hin nur blicke,
Seh' ich ihn allein;
Wie im wachen Traume
Schwebt sein Bild mir vor,
Taucht aus tiefstem Dunkel
Heller nur empor.

Sonst ist licht- und farblos
Alles um mich her,
Nach der Schwestern Spiele
Nicht begehr' ich mehr,
Möchte lieber weinen
Still im Kämmerlein;
Seit ich ihn gesehen,
Glaub' ich blind zu sein.

2.
Er, der herrlichste von allen,
Wie so milde, wie so gut!
Holde Lippen, klares Auge,
Heller Sinn und fester Muth.

So wie dort in blauer Tiefe,
Hell und herrlich, jener Stern,
Also er an meinem Himmel,
Hell und herrlich, hoch und fern.

Wandle, wandle deine Bahnen;
Nur betrachten Deinen Schein,
Nur in Demuth ihn betrachten,
Selig nur und traurig sein!

Höre nicht mein stilles Beten,
Deinem Glücke nur geweiht;
Darfst mich, niedre Magd, nicht kennen,
Hoher Stern der Herrlichkeit!

I.
Seit ich ihn gesehen,
glaub' ich blind zu sein,
wo ich hin nur blicke,
seh' ich ihn allein.
Wie im wachen Träume
schwebt sein Bild mir vor,
taucht aus tiefstem Dunkel
heller, heller nur empor.

Sonst ist licht- und farblos
alles um mich her,
nach der Schwestern Spiele
nicht begehr' ich mehr,
möchte lieber weinen,
still im Kämmerlein;
seit ich ihn gesehen,
glaub' ich blind zu sein.

II.
Er, der Herrlichste von Allen,
wie so milde, wie so gut!
holde Lippen, klares Auge,
heller Sinn und fester Muth.

So wie dort in blauer Tiefe
hell und herrlich, jener Stern,
also Er an meinem Himmel,
hell und herrlich, hehr und fern!

Wandle, wandle deine Bahnen;
nur betrachten Deinen Schein,
nur in Demuth ihn betrachten,
selig nur und traurig sein.

Höre nicht mein stilles Beten,
deinem Glücke nur geweiht;
darfst mich nied're Magd nicht kennen,
hoher Stern der Herrlichkeit,
hoher Stern der Herrlichkeit!

Nur die Würdigste von allen Soll beglücken deine Wahl, Und ich will die Hohe segnen, Segnen viele tausend Mal.	Nur die Würdigste von Allen darf beglücken deine Wahl, und ich will die Hohe segnen viele tausend Mal,
Will mich freuen dann und weinen, Selig, selig bin ich dann; Sollte mir das Herz auch brechen, Brich, o Herz, was liegt daran!	will mich freuen dann und weinen, selig, selig bin ich dann, sollte mir das Herz auch brechen, Brich, o Herz, was liegt daran?
	Er, der Herrlichste von Allen, wie so milde, wie so gut! Holde Lippen, klares Auge, heller Sinn und fester Muth, wie so milde, wie so gut!
3. Ich kann's nicht fassen, nicht glauben, Es hat ein Traum mich berückt; Wie hätt' er doch unter allen Mich Arme erhöht und beglückt?	III. Ich kann's nicht fassen, nicht glauben, es hat ein Traum mich berückt, wie hätt' er doch unter Allen mich Arme erhöht und beglückt?
Mir war's, er habe gesprochen: Ich bin auf ewig dein – Mir war's – ich träume noch immer, Es kann ja nimmer so sein.	Mir war's, er habe gesprochen: „ich bin auf ewig dein", mir war's, ich träume noch immer, es kann ja nimmer so sein, es kann ja nimmer so sein!
O laß im Traume mich sterben Gewieget an seiner Brust, Den seligsten Tod mich schlürfen In Thränen unendlicher Lust.	O lass im Traume mich sterben, gewieget an seiner Brust den seligsten Tod mich schlürfen in Thränen unendlicher Lust.
	Ich kann's nicht fassen, nicht glauben, es hat ein Traum mich berückt, wie hätt' er doch unter Allen mich Arme erhöht und beglückt? Ich kann's nicht fassen, nicht glauben, es hat ein Traum mich berückt.
4. Du Ring an meinem Finger, Mein goldnes Ringelein, Ich drücke dich fromm an die Lippen, Dich fromm an das Herze mein.	IV. Du Ring an meinem Finger, mein goldenes Ringelein, ich drücke dich fromm an die Lippen, dich fromm an die Lippen, an das Herze mein.
Ich hatt' ihn ausgeträumet, Der Kindheit friedlichen Traum,	Ich hatt' ihn ausgeträumet der Kindheit friedlich schönen Traum,

Ich fand allein mich verloren
Im öden unendlichen Raum.

Du Ring an meinem Finger,
Da hast du mich erst belehrt,
Hast meinem Blick erschlossen
Des Lebens unendlichen Werth.

Ich werd' ihm dienen, ihm leben,
Ihm angehören ganz,
Hin selber mich geben und finden
Verklärt mich in seinem Glanz.

Du Ring an meinem Finger,
Mein goldnes Ringelein,
Ich drücke dich fromm an die Lippen,
Dich fromm an das Herze mein.

5.
Helft mir, ihr Schwestern,
Freundlich mich schmücken,
Dient der Glücklichen heute mir.
Windet geschäftig
Mir um die Stirne
Noch der blühenden Myrte Zier.

Als ich befriedigt
Freudiges Herzens,
Dem Geliebten im Arme lag,
Immer noch rief er,
Sehnsucht im Herzen,
Ungeduldig den heut'gen Tag.

Helft mir, ihr Schwestern,
Helft mir verscheuchen
Eine thörichte Bangigkeit;
Daß ich mit klarem
Aug' ihn empfange,
Ihn, die Quelle der Freudigkeit.

Bist mein Geliebter,
Du mir erschienen,
Giebst du, Sonne, mir deinen Schein?
Laß mich in Andacht,
Laß mich in Demuth
Mich verneigen dem Herren mein.

---

ich fand allein mich, verloren
im öden unendlichen Raum.

Du Ring an meinem Finger,
da hast du mich erst belehrt,
hast meinem Blick erschlossen
des Lebens unendlichen, tiefen Werth.

Ich will ihm dienen, ihm leben,
ihm angehören ganz,
hin selber mich geben und finden
verklärt mich und finden verklärt mich in
seinem Glanz.

Du Ring an meinem Finger,
mein goldenes Ringelein,
ich drücke dich fromm an die Lippen,
dich fromm an die Lippen, an das Herze mein!

V.
Helft mir, ihr Schwestern,
freundlich mich schmücken,
dient der Glücklichen heute, mir.
Windet geschäftig
mir um die Stirne
noch der blühenden Myrthe Zier.

Als ich befriedigt
freudigen Herzens
sonst dem Geliebten im Arme lag,
immer noch rief er,
Sehnsucht im Herzen,
ungeduldig den heutigen Tag.

Helft mir, ihr Schwestern,
helft mir verscheuchen
eine thörigte Bangigkeit;
dass ich mit klarem
Aug' ihn empfange,
ihn, die Quelle der Freudigkeit.

Bist mein Geliebter,
du mir erschienen,
giebst du mir, Sonne, deinen Schein,
lass mich in Andacht,
lass mich in Demuth,
lass mich verneigen dem Herren mein.

Streuet ihm, Schwestern, Streuet ihm Blumen, Bringt ihm knospende Rosen dar. Aber euch, Schwestern, Grüß' ich mit Wehmuth, Freudig scheidend aus eurer Schaar.	Streuet ihm, Schwestern, streuet ihm Blumen, bringet ihm knospende Rosen dar. Aber euch Schwestern, grüss' ich mit Wehmuth. freudig scheidend aus eurer Schaar, freudig scheidend aus eurer Schaar.
6. Süßer Freund, du blickest Mich verwundert an, Kannst es nicht begreifen, Wie ich weinen kann; Laß der feuchten Perlen Ungewohnte Zier Freudenhell erzittern In den Wimpern mir.	VI. Süsser Freund, du blickest mich verwundert an, kannst es nicht begreifen, wie ich weinen kann; lass der feuchten Perlen ungewohnte Zier freudig hell erzittern in dem Auge mir!
Wie so bang mein Busen, Wie so wonnevoll! Wüßt' ich nur mit Worten, Wie ich's sagen soll; Komm und birg dein Antlitz Hier an meiner Brust, Will in's Ohr dir flüstern Alle meine Lust.	Wie so bang mein Busen, wie so wonnevoll, wüsst' ich nur mit Worten, wie ich's sagen soll, komm und birg dein Antlitz hier an meiner Brust, will in's Ohr dir flüstern alle meine Lust.
Hab' ob manchen Zeichen Mutter schon gefragt, Hat die gute Mutter Alles mir gesagt, Hat mich unterwiesen, Wie, nach allem Schein, Bald für eine Wiege Muß gesorget sein.	
Weißt du nun die Thränen, Die ich weinen kann, Sollst du nicht sie sehen, Du geliebter Mann; Bleib' an meinem Herzen, Fühle dessen Schlag, Daß ich fest und fester Nur dich drücken mag.	Weisst du nun die Thränen, die ich weinen kann, sollst du nicht sie sehen, du geliebter, geliebter Mann! Bleib' an meinem Herzen, fühle dessen Schlag, dass ich fest und fester nur dich drücken mag, fest und fester!

Hier an meinem Bette
Hat die Wiege Raum,
Wo sie still verberge
Meinen holden Traum;
Kommen wird der Morgen,
Wo der Traum erwacht,
Und daraus dein Bildniß
Mir entgegen lacht.

7.
An meinem Herzen, an meiner Brust,
Du meine Wonne, du meine Lust!

Das Glück ist die Liebe, die Lieb' ist das Glück,
Ich hab' es gesagt und nehm's nicht zurück.

Hab' überglücklich mich geschätzt,
Bin überglücklich aber jetzt.

Nur die da säugt, nur die da liebt
Das Kind, dem sie die Nahrung giebt;

Nur eine Mutter weiß allein,
Was lieben heißt und glücklich sein.

O wie bedaur' ich doch den Mann,
Der Mutterglück nicht fühlen kann!

Du schauest mich an und lächelst dazu,
Du lieber, lieber Engel, du!

An meinem Herzen, an meiner Brust,
Du meine Wonne, du meine Lust!

8.
Nun hast du mir den ersten Schmerz gethan,
Der aber traf.
Du schläfst, du harter, unbarmherz'ger Mann,
Den Todesschlaf.

Es blicket die Verlass'ne vor sich hin,
Die Welt ist leer.
Geliebet hab' ich und gelebt, ich bin
Nicht lebend mehr.

Ich zieh' mich in mein Inn'res still zurück,
Der Schleier fällt,
Da hab' ich dich und mein vergang'nes Glück,
Du meine Welt!

Hier an meinem Bette
hat die Wiege Raum,
wo sie still verberge
meinen holden Traum;
kommen wird der Morgen,
wo der Traum erwacht
und daraus dein Bildniss
mir entgegenlacht, dein Bildniss!

VII.
An meinem Herzen, an meiner Brust,
du meine Wonne, du meine Lust.

Das Glück ist die Liebe, die Lieb' ist das Glück,
ich hab's gesagt und nehm's nicht zurück.

Hab' überschwenglich mich geschätzt,
bin überglücklich aber jetzt;

nur die da säugt, nur die da liebt
das Kind, dem sie die Nahrung giebt,

nur eine Mutter weiss allein,
was lieben heisst und glücklich sein;

o wie bedaur' ich doch den Mann,
der Mutterglück nicht fühlen kann.

Du lieber, lieber Engel Du,
Du schauest mich an und lächelst dazu!

An meinem Herzen, an meiner Brust
du meine Wonne, du meine Lust!

VIII.
Nun hast du mir den ersten Schmerz gethan,
der aber traf,
du schläfst, du harter unbarmherz'ger Mann,
den Todesschlaf.

Es blicket die Verlassne vor sich hin,
die Welt ist leer, ist leer,
geliebet hab' ich und gelebt, ich bin
nicht lebend mehr;

ich zieh' mich in mein Inn'res still zurück,
der Schleier fällt,
da hab' ich dich und mein verlor'nes Glück,
du meine Welt!

9.
Traum der eig'nen Tage,
Die nun ferne sind,
Tochter meiner Tochter,
Du mein süßes Kind,
Nimm bevor die Müde
Deckt das Leichentuch,
Nimm in's frische Leben
Meinen Segensspruch.

Siehst mich grau von Haaren,
Abgezehrt und bleich,
Bin, wie du gewesen
Jung und wonnereich,
Liebte, wie du liebtest,
Ward, wie du, auch Braut,
Und auch du wirst altern,
So wie ich ergraut.

Laß die Zeit im Fluge
Wandeln fort und fort,
Nur beständig wahre
Deines Busens Hort;
Hab' ich's einst gesprochen,
Nehm' ich's nicht zurück:
Glück ist nur die Liebe,
Liebe nur ist Glück.

Als ich, den ich liebte,
In das Grab gelegt,
Hab' ich meine Liebe
Treu in mir gehegt;
War mein Herz gebrochen,
Blieb mir fest der Muth,
Und des Alters Asche
Wahrt die heil'ge Gluth.

Nimm bevor die Müde
Deckt das Leichentuch,
Nimm in's frische Leben
Meinen Segensspruch.
Muss das Herz dir brechen,
Bleibe fest dein Muth,
Sei der Schmerz der Liebe
Dann dein höchstes Gut.

Allgemeines zu den inhaltlichen Grundwerten

Schumanns *Frauenliebe und -leben* erlangte gleich nach seinem Erscheinen eine bis heute andauernde Popularität. Erstaunlicherweise ist neben dieser Tatsache auch der Rezeptionswille allgemein ungebrochen, obgleich die Skepsis gegenüber seinen inhaltlichen Grundwerten immer aufs Neue die Gemüter erhitzt! Das spricht immer wieder für den nicht antastbaren Wert der genialen Komposition Schumanns, aber auch inhaltsadäquat gegen die mitgelieferte, geistig fragwürdige Idealisierung. Es ist anscheinend heute kaum noch möglich, den Lebensgrundriss einer Frau zu akzeptieren, welche völlig in der Aura ihres Mannes aufgeht und nicht ansatzmäßig zur Autarkie eines persönlichen Lebensverständnisses bzw. -grundrisses vorgedrungen ist. Ohne Frage sind wir daran interessiert, uns im laufend aktualisierten, historischen Aufarbeitungsprozess mit den im 19. Jahrhundert vorherrschenden Gesellschaftsstandarts auseinanderzusetzen, nicht aber in Liederabenden dem Publikum ein überkommenes Partnerschafts- oder Beziehungsmodell anzubieten oder dieses sogar zu präferieren.

Es ergibt sich also die Frage, ob wir Chamissos/Schumanns Liederzyklus *Frauenliebe und -leben* auch weiterhin für sinnreich und genügend effizient erachten, ihm in unserer aufgeklärten Zeit einen öffentlichen Stellenwert einzuräumen? Und wenn, *was* wir hinter der unstrittig geglückten, sensorischen Qualität und seiner großartig abgerundeten musikalischen Form eigentlich vermitteln wollen?

Die nicht enden wollenden Konzertaufführungen von *Frauenliebe und -leben* scheinen dafür zu sprechen, dass die InterpretInnen in ihrem Bewusstsein den diesen Gedichten teilweise unterlegten, tendenziös restriktiven Inhalt zugunsten der Musik ausblenden (?), oder aber dass sie in diesem Gedankengut großteils etwas von *ihrer* spontan erlebten Gefühlswelt, von *ihrer* eigenen, vorbehaltlos geteilten Liebesfähigkeit wieder zu finden glauben! Letzteres scheint mir ausschlaggebend zu sein, und scheint mir auch heute eine „Legitimation" für zeitgemäße Aufführungen in sich zu schließen. Natürlich haben bis dato eine inhaltsferne Nostalgie und romantische Idealisierungen zur Erfolgsgeschichte beigetragen, und doch stellt sich dieser Siegeszug von Schumanns *Frauenliebe* als ein interessantes Phänomen in unserer Medienlandschaft dar. Das Kulturforum der westlichen Musikwelt spiegelt weitgehend ein Geschmackskonglomerat der Bildungsplattform unserer „klassischen" Konzerthörer wider. Das Dilemma der anscheinend nicht zu leistenden Toleranz gegenüber dem inhaltlichen Grundtenor des Zyklus' wird in Kreisen jener geistig aufgeschlossenen Rezipienten immer wieder offenkundig thematisiert. Das lapidare Gesamturteil lautet dem entsprechend: Musik ja, Text nein!

Man könnte Seiten damit füllen, zusammen zu schreiben, was Chamissos bevorzugter Frauentyp, die Protagonistin von *Frauen-Liebe und Leben* alles *nicht* besitzt, warum sie sich selbst in ihrer Eigenständigkeit nicht verwirklicht, warum sie dazu ihre eigenen Ressourcen nicht nutzt und die „Vergötterung" ihres geliebten Mannes wie eine (fundamentalistische) Religion lebt? Dass die den Hauptanteil ihres Lebenswegs prägende Fremdbestimmung der Frau durch ihren Mann nicht tolerierbar ist und niemals war, wird in unserer zivilisierten westlichen Welt inzwischen beinahe jeder/jede bestätigen und das hier umschriebene *Frauenleben* als peinliche bzw. traurige Sackgasse überkommener Gesellschaftsnormen ansehen. Aber lässt sich das generalisieren? Und wenn ja, raubt es dem Kunstwerk den Boden? Ist die großartige Musik weniger wert dadurch, dass ihr ein einseitiges Menschenbild unterlegt wurde? Und haben nicht überaus viele Rezipienten des Kunstwerks auch heute das Gefühl, dass sie in der „Echtheit" (!) dieser hypothetischen, weiblichen Emotionswelt aufgehen könnten? Es muss also etwas an der Musik – und am Text – sein, das uns vorbehaltlos in diesen zwischenmenschlichen Prozess hineinzieht und uns zu Teilhabern an deren Leben und Liebe werden lässt. Die musikalische Nachzeichnung dieses von Schumann tief empfundenen, ideellen Eheverbunds verdient unsere Empathie, sofern wir sie als *eine* Form der Kommunikation zwischen Mann und Frau respektieren wollen, als *eine* Facette menschlicher Hingabe akzeptieren können. Weder ein Vorzeige-Ideal (damaliger Art), noch ein Nachahmungseffekt dieser uns vorgeführten Lebensweise können ansonsten für den Wert der Übermittlung stehen, sondern allein die großartig in Musik gesetzte Gefühlsskala Abgrundtiefer und menschlich beglückender Gefühlsmomente. Diese bilden zusammen ein faszinierendes Szenario, welches uns direkt betrifft und die genealogischen wie die personellen Lebensmodalitäten von *Frauenliebe und -leben* beiseiteschiebt.

Es dürfte in dieser Schrift weitgehend klar geworden sein, auf welcher Intention und welcher menschlichen Grundhaltung Chamissos diese Texte beruhen, ohne noch eine weitere Debatte über den „Wahrheitsgehalt" oder den dichterischen Motivationsansatz anhängen zu müssen. Man wird als Hörer und involvierter Musikkenner nicht daran vorbeikommen, die historische Ausgangsdimension von *Frauen-Liebe und Leben* in die heutige Betrachtung des Werkes miteinzubeziehen und deren Gesellschaftsbedingte Wurzeln zu tolerieren, die wie feingliedrige Sedimente die Aussage einfassen. Das was an Reinheit und Echtheit menschlicher Empathie hinter diesen für uns unfreien Umgangsnormen steht, ist aus adäquatem Blickwinkel betrachtet absolut wert, als zeitloses „Allgemeingut" für sich zu bestehen, um als Transformation einer qualitativ unantastbaren Liebe (!) in unsere gänzlich abgehobene Zeit hinüberwirken zu können. Vielleicht werden wir ja in Zukunft immer dankbarer sein, solche schamhaft naiven, aber grundehrlichen

Liebesbekundungen, eingestandenen humanen Schwächen oder solche suspekt „ehrerbietigen", nichts desto weniger (!) aufrichtig deklarierten Gefühle der Liebessehnsucht nacherleben zu können, weil wir es uns ja immer weniger leisten können, – trotz Big Brother-Mentalität! – uns in der Öffentlichkeit unter dem Siegel der Verletzlichkeit – auf unnarzisstische Art! – derart seelisch zu entblößen!

Interessant ist ja auch, dass bedeutende Interpretinnen, oft mit großer stimmlicher Wärme ausgestattete Mezzosopranistinnen, über alle Gesellschaftstrends hinweg sich stets dieses Liederzyklus' angenommen haben, was heutzutage mehr und mehr verwundert, weil die Frau ja selbst – durch ihre vermeintliche „Opferrolle", durch den geschlechtsspezifischen Würdeverlust und den defizitären Anteil an Selbstbestimmung – viel mehr als ein Mann in inneren Konflikt bzw. in eine Ablehnungshaltung geraten müsste! Es kann nur an der Geschlechts unspezifischen (!), verallgemeinerten, seelisch kraftvollen Liebesbezeugung oder außergewöhnlichen Gefühlstiefe liegen, dass gestern wie heute Sängerinnen – interessanterweise mit absolut hervorstechender Musikalität – von gängigen Argumentationen unbeirrt sich dieser essentiell menschlichen und musikalischen Aufgabe stellen und sich weiterhin für dieses Werk Schumanns mit Empathie einsetzen. – Die prominente zeitgenössische Sängerin Wilhelmine Schröder-Devrient, eine langjährige Freundin Clara Schumanns, machte mit ihren zahlreichen Aufführungen des Liederzyklus' im Jahre 1848 den Anfang.

Aus dem Gesagten ergibt sich Kommentarlos, dass es sich bei *Frauenliebe und -leben* um kein musikalisches „Konsumgut" handelt, welches man gedankenlos in die Konzertsäle werfen darf. Der Verfasser hat in zahlreichen Aufführungen des Liederzyklus' (in zweistündigen Konzerteinheiten: 1½-stündiger Vortrag mit ½-stündiger Performance) eine Synthese zwischen musikalischer, literarischer bzw. historischer Information und der abschließenden Aufführung des Gesangszyklus' hergestellt. Der Gewinn dessen ist für den Konzertbesucher bedeutend; ja, ich würde heute sagen, man ist ihm eine solche Vorgehensweise einfach schuldig, bettet sie doch den seelischen wie musikalischen Gefühlsertrag in den Informationshintergrund ein, welcher ihm den Zusammenhang zwischen der subjektiv erlebten Euphorie und den damaligen gesellschaftlichen Bedingtheiten erschließt und diese im individuellen Kontext um vieles plausibler macht! Erst auf diesem Plafond erhält *Frauenliebe und -leben* in unserer heutigen Zeit seine Berechtigung und löst sich von dem unangenehmen Beigeschmack seelischer Versklavung.

Eine vordergründige, „gefallsüchtige" Art der Anbiederung, die Profit orientierte Vermarktung solch geistiger Wesenseinheiten oder die ausschließlich auf sentimentalen Zuspruch abzielende Verbreitung – (dieser Musik wie überhaupt persönlicher, feinnerviger Kunstwerke mit gesellschaftlicher oder religiöser Verankerung; man denke z. B. an J. S. Bachs große Passionen) – schaden natürlich dem „ehrlichen" Ansehen des Komponisten wie des Dichters und tragen massive Vorurteile und Widerstände in die Rezeption dieser Werke hinein. Die oben erwähnte Grundeinstellung vieler Hörer „Musik: ja, Text: nein!" geht keineswegs nur zu Lasten des Dichters, sondern genauso zu Lasten des Komponisten! Und gerade Robert Schumann, ein absolut gebildeter, verantwortungsvoller Kenner der zeitgenössischen Literatur, hat nicht verdient, auf solch unbedarfte, unqualifizierte Art herabgewürdigt zu werden.

Zusammenfassung in Schlaglichtern

Im Ganzen gesehen lässt sich sagen, dass Chamisso den Lebensbogen der Frau als Genealogie ausgeformt hat, als einen aus zwei Generationenfolgen herausgelösten Ausschnitt prägender Lebensstationen, und dies im Tenor einer kaum angreifbaren, unprätentiösen Eindringlichkeit. Darin hat er vor allem das Bewahrende, die Tugendhaftigkeit, seelische Lauterkeit und Treue über den Tod (des Gatten) hinaus in den Mittelpunkt gerückt.

Während *er* die willentliche Hingabe der Frau als *Lebenseinverständnis* oder *Lebensbestimmung* fokussierte, sind Schumann die weibliche Empathie und die Bejahung ihres *Lebensanteils,* sowie das *momentane Erleben,* die *Situationsbedingte Emotionswelt,* und – in demselben Maße wie das Liebesglück – die *psychischen Desaster* und die Folgenschwere *Desorientierung* zentrale Anliegen seiner Werkaussage!

Schumann betont vor allem Irritation (im 1. Lied), euphorische Übersteigerung, seelische Unrast und Hypertrophie (im 2. Lied), Kopflosigkeit und ein „aus der Bahn geworfen Sein" (im 3. Lied), Desorientierung des eigenen Lebensplanes, Sinnentleerung und das Schwinden der Lebensressourcen (im 8. und „9. Lied"), entschieden und noch spürbar gewichtiger als Chamisso. Durch eine vorrangig herausgearbeitete *antithetische,* den Menschen immer wieder aufs Neue fordernde Gefühlskonfrontation werden naturgemäß das Glück und die überschwängliche Freude, ja geradezu ein „Vergehen in Glück" (!), noch um ein Vielfaches gesteigert und dem Rezipierenden erlebbar gemacht. Das ist erst einmal ein häufig verwendeter romantischer Topos und muss aber explizit als Sinnbild für die Polaritäten der Gefühlswelt Robert Schumanns gelten.

Die im Manischen sich unfrei, teilweise exzessiv äußernde Erlebnisqualität ist nicht nur als pathologisch, defizitär oder Realitätsverlustig zu betrachten, sondern hält potentiell eine gewaltigere, eindrücklichere Amplitude extremer Gefühlszustände bereit. Diese Gefühlsmomente geben aufgrund ihrer musikalisch gestalteten Verlebendigungen den einzelnen Liedstationen im Zyklus ihre unverwechselbare Charakterfärbung, und damit den dramaturgisch prozessualen Schaltstellen ihre frappierende Kontur und Ausdrucksschärfe; (so, wie sie z. B. die Kontrastwirkung vom 7. Lied *An meinem Herzen, an meiner Brust* zum 8. Lied *Nun hast du mir den ersten Schmerz getan* etc. hervorbringt)!

In diesem vom Dichter zum Komponisten differierenden Sinn schwindet bei Schumann selbstredend der genealogische Zuschnitt des Zyklus', da die Darstellungen von pragmatischen Handlungen (vgl. die von Schumann getilgte Gedichtstrophe des 6. Liedes), von rein traditionellen Weitergabe-Riten (siehe das unvertont gebliebene 9. Gedicht Chamissos), überhaupt eine Berücksichtigung von sittlichem Norm- oder statuarischem Generationsdenken die reine, dichterisch „hehre"(!) und von Vernunftvorstellungen unberührte Erlebnissphäre verwässert und verunklart hätten. Es ist anscheinend die Poesie des Lebens selbst, die den Menschen im Sinne Schumanns an sein unergründbares Schicksal bindet, ihn in die Höhe hebt und in die Knie zwingt. Diese Vielgestaltigkeit zu bejahen ist das erklärte Ziel größtmöglicher Offenheit dem Lebensabenteuer gegenüber. Und in dieser wundersamen, undefinierbaren Vielfalt der Lebensaufträge verlieren auch die emanzipatorisch aufbereiteten Lebensmodelle von Mann und Frau ihre vergleichende Relevanz.

Diese Abgrenzung geht nicht zu Lasten Chamissos, sondern folgt der Einsicht, den intuitiven, Natur bedingten Gefühlsstrom der Musik gerade in Schumanns darstellerischem Willen herauszufiltern und ihn in dieser hervorstechenden Dimension – berechtigter- und auch notwendigerweise – von der dichterischen Vorlage abzukoppeln. Das wurde in der Besprechung der einzelnen Lieder herauszuarbeiten versucht, wobei es nicht um ein „besser" oder „schlechter" im Vergleich zu Chamissos Textvorlage ging, sondern um die musikalische Übermittlung der Struktur immanenten Spannungsprozesse und emotionalen Suggestivmomente. Besonders die von Schumann entwickelte bzw. hinzugefügte *zeitliche Durchdringung* der einzelnen Gedichtgegenstände und des gesamten Zyklus', deren vielfältige Bezugnahmen und psychologische Wirkungsweisen heben Chamissos Gedichtfolge auf den realen Boden menschlich greifbarer Interaktionen und lassen ihn zum Spiegelreflex unseres eigenen Lebens werden. Von solch einer, der menschlichen Natur abgelauschten Inszenierung ist der noch so Emotionswillige Text des Dichters weit entfernt. Es ist die Transparenz auf das wirkliche, nur auf die eine Person bezogene Leben, welche einen Rat gebenden und Lebensgrundsätze aufstellenden Intellekt hinter sich lässt.

Diese *ideelle* Grundeinstellung zu einer von gedanklichen Fesseln befreiten Form des *Lebens* und der *Liebe* ist – nach R. Schumanns und z. B. auch E.T.A. Hoffmanns Musikauffassung – allein der Auslöser für den geistig-seelischen Aufschwung des Menschen, für eine ungetrübte, „genuine" Auffassungsgabe des naturgegeben Absoluten und damit der Weg zum ehrlich erfahrbaren Glück in seiner reinsten Ausprägung. Nach romantischer Einschätzung liegt *darin* der Schlüssel; und speziell hier, im Liederzyklus *Frauenliebe und -leben* in der Öffnung der Sinne für das *unwiederbringliche Element erlebter und erlittener Liebesqualität!* Dies ist der Boden für eine humane, kreatürliche und von Empathie getragene Lebensakzeptanz des Individuums, – womit Robert Schumann wiederum mit Adelbert von Chamisso konform geht! –, zumal, wenn es im „kosmischen" (intuitiven) Sinne handelt und nicht habituell aus dem menschlichen Verstandesbereich heraus.

Bibliographie

Quellen-Werke

Chamisso, Adelbert von	Gedichte Leipzig, 1834 Universitätsbibliothek Siegen
Schanze, Helmut (Hrsg.)	Robert Schumann Neue Ausgabe sämtlicher Werke, Literarische Vorlagen I Serie VIII Supplemente Bd.2 Schott 2002
Schumann, Clara Schumanns	Werke Serie XIII: Für eine Singstimme mit Begleitung des Piano-Forte (4 Bde) hrsg. von Cl. Schumann Breitkopf & Härtel, Leipzig 1882
Schumann, Robert	*Frauenliebe und Leben von Adalbert von Chamisso. Acht Lieder für eine Singstimme mit Begleitung des Pianoforte (...) von Robert Schumann. Op. 42*, Leipzig: Whistling Juli 1843
Schumann, Robert u. Clara	Ehetagebücher 1840 – 1844 Hrsg. Gerd Nauhaus Stroemfeld Verlag 2007
Schumann, Robert	Tagebücher 1827 – 1854, Bd. I und II Hrsg. von G. Eismann

Literatur

Chamisso, Adelbert von	Peter Schlemihls wundersame Geschichte Frankfurt a. M., Insel-Verlag 2001
Federhofer, Marie-Theres Weber, Jutta (Hsg.)	„Korrespondenzen und Transformationen – Neue Perspektiven auf A. von Chamisso" Palaestra 337, unipress 2013
Feudel, Werner	Adelbert von Chamisso Leipzig, Ph. Reclam jun. 1988
Fischer, Robert	Adelbert von Chamisso Berlin, Erika Klopp Verlag 1990
Fischer-Dieskau, Dietrich (Hg.)	Texte deutscher Dichter, ein Handbuch München, dtv, 1984

Hartung, Günter	Schumanns Lieder auf Texte von Chamisso Schumann-Tage des Bezirkes Karl-Marx-Stadt 1983 Wissenschaftl. Arbeitstagung
Hoffmann-Axthelm, Dagmar	Robert Schumann – eine musikalisch-psychologische Studie Reclam Stuttgart 2010
Hopfgartner, J. Herbert	Adelbert Chamisso: Revolutionär oder Biedermann? Der Liederkreis Frauen-Liebe und Leben im soziokulturellen Diskurs Warschau, 2008
Kreuels, Hans-Udo	„Schumanns Kerner-Lieder" Peter Lang Frankfurt 2003
Kreuels, Hans-Udo	„Schuberts Winterreise" Peter Lang Frankfurt 2011
Lahnstein, Peter	Adelbert von Chamisso München, Paul List Verlag 1984
Loos, Helmut (Hrsg.)	Robert Schumann Interpretation seiner Werke (1) Laaber 2005
Michels, Volker (Hrsg.)	Wilhelm Müller Eine Lebensreise Zum 200. Geburtstag des Dichters, darin: Kreuels, H.-U. Die Winterreise des Wilhelm Müller (und des Franz Schubert) Dessau 1994
Matt, Peter von (Hrsg.)	Adelbert von Chamisso – Gedichte und Vers-Geschichten, Stuttgart: Ph. Reclam jun. 1980
Ozawa, Kazuko	Quellenstudien zu Robert Schumanns Liedern nach Adelbert von Chamisso Peter Lang Frankfurt 1989
Rauchfleisch, Udo	Robert Schumann – eine psychoanalytische Annäherung Vandenhoeck Göttingen 2004
Safranski, Rüdiger	Romantik Eine deutsche Affäre München 2007
Titzmann, Michael (Hrsg.)	Zwischen Goethezeit und Realismus Studien und Texte zur Sozialgeschichte der Literatur – Wandel und Spezifik in der Phase des Biedermeier Tübingen 2002
Wendt, Mathias	Schumann und seine Dichter (Schumann Forschungen, Bd. 4) Mainz, Schott 1993

Bildnachweis

Abbildungsnachweis Umschlag:
Foto: „O T" von Marie-Luise Fuchs
Acryl auf Jute, 170 x 110 cm
Privatbesitz
Abdruck mit freundlicher Genehmigung der Künstlerin

S. 23
Zeichnung Hans-Udo Kreuels
Bleistiftzeichnung Clara Schumann, ca. 1992
oval, Dm 16,5 x 22 auf Zeichenpapier
nach einer Photographie, ca. 1868 (Julius Allgeyer)

S. 24
Zeichnung Hans-Udo Kreuels
Bleistiftzeichnung Robert Schumann, ca. 1992
oval, Dm 16,5 x 22 auf Zeichenpapier
nach einer Daguerreotypie, 1850 (Heinz Winkelmann)

S. 48
Adelbert von Chamisso im Jahre 1838.
Lithographiert von Meyer nach einer Zeichnung von F. Weiß
Akg-Images, Archiv für Kunst und Geschichte Berlin

S. 127
Hans-Udo Kreuels
Foto Silvia Thurner (2014)

Über den Verfasser

Hans-Udo Kreuels

Pianist, Komponist, Musikwissenschaftler

geboren 1947 in Kevelaer (Deutschland); Sohn des Schriftstellers und Sprachheillehrers Friedrich Wilhelm Kreuels.

Ab 1969 Studium an der Nordwestdeutschen Musikakademie Detmold in den Fächern Klavier (Fp.Goebels), Komposition (J. Driessler und G.Klebe) und Gesang (J. Déroubaix). 1974 Uraufführung seines 1. Streichquartetts *„Innen und Außen"* bei den „Darmstädter Musiktagen für neue Musik".

1975 künstlerische Reifeprüfung Klavier.

Fortsetzung des Studiums an der Musikhochschule Wien (bei Dieter Weber, Noël Flores) und Studium der Musikwissenschaft an der Universität Wien (Walter Pass). Meisterkurse bei Stanislaw Neuhaus (Wien) und Wilhelm Kempff (Positano). 1981 2. Klavier-Diplom in Wien. Von 1980–2013 war er Dozent für Klavier, Liedgesang und Didaktik am Vorarlberger Landeskonservatorium.

- Solistische und kammermusikalische Konzerttätigkeit im In- und Ausland
- Klavier-Meisterkurse in Österreich, der Schweiz und Italien
- Publikationen über Schumanns *„Kerner-Lieder", „Londoner Skizzenbuch des achtjährigen Wolfgang Mozart", „Schuberts Winterreise"* (alle im P. Lang Verlag), *„Die Winterreise des Wilhelm Müller (und des Franz Schubert)"* (Verlag Hermann Böhlaus), *„Samuel Hahnemann und die Musik"* etc., Fachbeiträge, Musikessays und Konzertkritiken
- Studios, Seminare, Referenten- und Vortragstätigkeit (bei internationalen musikwissenschaftlichen Symposien), regelmäßige Vortragsreihen über *Romantische Liederzyklen* bei der „Schubertiade Feldkirch / Schwarzenberg" seit 1994
- Kreuels' kompositorisches Schaffen umfasst mehr als 83 Werke (mit Schwerpunkten Kammermusik und Liedsektor), herausgegeben im Eigenverlag und im Verlag *Fonorum*
- CD-Einspielungen mit Hans-Udo Kreuels als Pianist (Werke von W. A. Mozart [„London Sketchbook" NAXOS], F. Schubert, A. Skrjabin, F. Andergassen, K. Bleyle, G. Schneider, H. Schneikart, H.-U. Kreuels 3 CDs, u. a.)

www.ingramcontent.com/pod-product-compliance
Lightning Source LLC
Chambersburg PA
CBHW020657300426
44112CB00007B/419